목사 자녀 비전 투어
PASTOR'S KID VISION TOUR

바른신앙시리즈 8
목사 자녀 비전 투어

펴낸이	김종희
저자	뉴스앤조이
책임편집	황명열
펴낸곳	도서출판 〈뉴스앤조이〉 www.newsnjoy.or.kr
등록	2000년 12월 18일 제20-205호
초판인쇄	2014년 10월 18일
초판발행	2014년 10월 18일
주소	서울 용산구 청파로 47길 52 명신프라자 6층
전화	02-744-4116
e-mail	newsnjoy@newsnjoy.or.kr
값	8,000원
ISBN	978-89-90928-35-1 03230

* 잘못된 책은 바꿔드립니다.

바른신앙
시리즈
008

목사 자녀
비전 투어
PASTOR'S KID VISION TOUR

김종희 지음

N 뉴스앤조이

머리글_마지막 여행이 아니라 첫 여행이란다 …… 6

첫 번째 이야기

꿈꾸는 여행 …… 10
아이들을 만나다 …… 14
안 맞는 남녀 성비 …… 18

두 번째 이야기

잊을 수 없는 그 맛, 소 혓바닥 …… 24
안쓰러움이 속 쓰림으로 …… 28
UCLA에서 만난 '지선아 사랑해' …… 32
평화의 소녀상 …… 36

세 번째 이야기

이런 노래 불러도 돼요? …… 42
그랜드캐니언에서 쫙 벌어진 입 …… 46
인디언 박물관과 기숙학교 …… 50

네 번째 이야기

애틀랜타 조지아텍 방문 …… 56
CNN, 코카콜라, 온세대 예배 …… 61
흉터가 될 것인가 훈장이 될 것인가 …… 66
'나에게는 꿈이 있습니다' …… 70
부부 천사를 만나다 …… 75
어디를 가느냐? 누구를 만나느냐! …… 79

다섯 번째 이야기

빼놓을 수 없는 여행의 별미, 쇼핑 …… 84
연세 많은 PK들과 대화 …… 88
'PK 신드롬'은 아닐까 …… 92

여섯 번째 이야기

눈밭을 뛰노는 강아지처럼 …… 98
필라델피아와 볼티모어 빈민가 …… 102
이제는 돌아가야 할 시간 …… 107

일곱 번째 이야기

아쉬움 투성이, 감사 덩어리 …… 114
아이들의 작은 변화 …… 118
부모가 변할 차례 …… 123
비전 투어는 꿈꾸는 여행 …… 127
목회자들도 꿈을 꾸자 …… 132

여덟 번째 이야기

한 달 만에 채워진 모금액 …… 138
함께 누리는 수고와 기쁨 …… 142
신뢰, 그 대단한 힘 …… 146

비전 투어를 다녀와서 _ 학생 소감문

인생은 짧지 않다. 서두르지 말자 …… 152
왠지 모를 자유로움과 자신감이 생겼어요 …… 157
서로 공감하고 이해하는 것이 얼마나 행복한 일인지 …… 161
하나님이 내 마음에 심어 놓으신 것을 믿자 …… 164
이 경험이 큰 열매를 맺을 것이라고 믿는다 …… 167

비전 투어를 다녀와서 _ 부모 소감문

존재감의 부각, 힘이 나고 삶의 에너지가 솟는 일 …… 174
자신감과 도전 정신이라는 큰 선물 …… 178
베풀고 나누는 목회를 하겠습니다 …… 181

마지막 여행이 아니라
첫 여행이란다

LA에 있는 디즈니랜드를 돌아다니면서 한 아이와 이런 대화를 나누었습니다.

"쌤, 여기서 제대로 놀려면 몇 시간 가지고는 안 되겠어요. 며칠 지내야 될 거 같아요."

"그래라. 여기는 겨울에도 날씨가 따듯하니까, 나무 의자 같은 데서 대충 자도 되고, 사람들한테 얻어먹으면서 지낼 수 있을 거야. 너는 여기 남아."

"어휴, 정말 그러고 싶어요. 내 평생에 언제 다시 오겠어요?"

말장난을 주고받다가, '앞으로 언제 또 오겠느냐'고 무심코 내뱉은 아이의 말에 제가 발끈했습니다.

"야, 이번 여행이 처음이자 마지막이라면 내가 너희를 위해서 왜 이 고생을 하니? 이번 여행은 마지막이 아니고 이제부터 시작이야. 선생님은 너희 나이에 해외여행은 꿈도 못 꾸었어. 그런데 지금은 1년에 한두 번씩 여행을 하면서 이런 일을 벌이잖아. 너희가 새로운 꿈을 꾸고, 그 꿈을 잘 품은 채 열심히 살아가자고 마음먹는 여행이야. 그런데 언제 다시 또 오겠냐고? 이제부터 계속 오겠다는 생각을 해야지. 안 그래?"

제가 생각해도 정말 멋진 꾸지람이었습니다.

"네, 맞아요. 그럴게요. 쌤, 너무 좋아요."

고등학교를 다니는 10대 꽃들입니다. 아직은 만개하지 않았지만 영양분만 잘 공급해 주면 머지않아 아름다운 자태를 자랑할 때가 올 예쁜 꽃들입니다. 이 책은 꽃같이 예쁜 아이들과 3주 동안 미국을 여행한 이야기를 정리한 것입니다. 1년에 한 번씩 1월이나 2월에 비전 여행을 할 텐데, 그때 참여하려는 청소년과 부모님 들에게 이 여행의 취지를 미리 알려 주기 위해서 작은 책을 만들었습니다.

날씨가 슬슬 더워지기 시작할 때 이 글을 쓰기 시작했는데, 어느새 아침과 저녁에는 선선한 바람이 부는 가을이 다가올 때 완성되었습니다. 추운 겨울 날씨를 견디면서 사방을 돌아다녔던 그때가 너무 생생하게 떠오르고, 얼굴에 미소가 저절로 그려집니다. 하지만 이내 마음이 답답해집니다. 글을 쓰는 동안 세월호 사건이 터졌고 아직도 진행 중이기 때문입니다.

"엄마, 엄마 미안해. 아빠도, 너무 미안하고. 엄마 정말 미안해. 그리고 사랑해, 정말."

침몰하는 세월호에서 엄마와 아빠에게 작별 인사를 하는 한 아이의 목소리가 귓가에 생생합니다. 마치 엄마 아빠에게 야단맞고 잘못을 비는 평소 목소리인 것처럼 들리지만, 앞으로 다시 만날 수 없는 꽃 같은 아이의 처절한 절규입니다.

저 아름다운 꽃들이 어른들의 잘못 때문에 제대로 피어 보지도 못한 채 어처구니없이 저물고 말았습니다. 이 땅의 수많은 아이들을 생각하면서 더 정성스럽게 이 일을 해야겠다는 슬픔 담은 각오도 해 봅니다.

아이들에게 꿈을 심어 주고, 꿈을 키워 주고, 꿈을 이루어 내는 이 일에 여러분도 동참해 주시면 좋겠습니다. 감사합니다.

〈뉴스앤조이〉 대표 **김종희**

첫 번째 이야기

꿈꾸는 여행
아이들을 만나다
안 맞는 남녀 성비

꿈꾸는 여행

    목사 자녀 10명이 2014년 1월 16일부터 2월 8일까지 3주 동안 미국을 여행했습니다. 예비 중3부터 예비 고3까지 모두 10대 청소년입니다. 시골이든 도시든 구별하지 않고, 작은 교회에서 사역하는 목사의 자녀들입니다.

    〈뉴스앤조이〉에 참가자를 모집한다는 글을 써서 올리자마자 지원자가 태풍처럼 밀려들 줄 알았습니다. 그런데 며칠이 지나도 분위기가 썰렁해서 살짝 당황했습니다.

    3주 동안 미국 여러 지역을 여행하는데 돈을 한 푼도 안 내도 된다니, 다들 반신반의하는 것일까요. 우리가 이렇게 좋은 일도 하는데, 너무 알려지지 않은 탓일까요. 〈뉴스앤조이〉에서 진행하는 일이니까 뭔가 꿍꿍이속이 있을 거라고 의심하거나 탐탁지 않게 여겨서 그러는 것일까요.

우리가 하는 일이 언제나 그랬습니다. 처음에는 보일 듯 안 보일 듯 조용히 시작해 왔습니다. 그렇게 14년을 지내 왔습니다. 그래서 별로 낙심하지 않았습니다.

1차로 지원 서류를 심사했습니다. 지원서에 응답할 내용이 까다롭습니다. 그러나 일단 서류를 통해서 아이를 만날 수밖에 없습니다. 만약 서로 대충 쓰고 대충 읽는 바람에, 이번 여행을 가면 좋을 아이가 기회를 날려 버리면 어쩌겠습니까. 피차 실수를 범하지 않기 위해서라도 질문 내용이 많고 촘촘했습니다.

정성스럽게 보내온 내용을 우리도 정성스럽게 읽었습니다. 너무 성의 없이 쓴 지원서는 뒤로 뺐습니다. 부모의 마음은 적극적인데 아이에게 이렇다 할 의지가 보이지 않았습니다. 부모의 강요를 못 이겨서 별 의미 없는 여행을 억지로 하게 된다면,

경제적인 손실도 크고 다른 사람에게 피해를 끼칠 수 있습니다. 우리로서는 본인의 의지가 무엇보다 중요했습니다.

서류 심사를 통과한 아이와 부모님 들을 직접 만났습니다. 서울 근교에 있는 아이들은 영등포에 있는 회사 사무실에 오도록 했고, 멀리 지방에 있는 아이들은 토요일에 우리가 대전에 내려가서 만났습니다.

몇 가지 선발 기준이 있었습니다. 가장 먼저는 '미자립 교회' 목사 자녀여야 합니다. 시골이든 도시든 지역이 중요한 것이 아니라 미자립 상태여야 한다는 것입니다. 저마다 기준이 다를 수 있겠지만, 우리가 생각한 미자립은 목회자 가족의 생활비와 예배 장소 임대료를 교회가 스스로의 힘으로 해결하지 못해서 외부 지원을 받아야 하는 경우입니다. 모든 일이 다 힘들겠지만, 경제적인 고통처럼 힘든 것이 현실적으로 어디 있겠습니까. 그래서 그런 분들을 첫 번째 기준으로 삼았습니다.

두 번째는, 이왕이면 부모님이 의미 있는 사역을 수행하는 경우를 뽑고 싶었습니다. 경제적으로 미자립 상태라도 사역을 잘하고 있으면 자괴감이나 열등감이나 고통스러움이 상대적으로 적습니다. 사역도 제대로 안 되는데다가 경제적인 어려움을 겪으면, 고통은 몇 배로 클 수밖에 없습니다. 그 스트레스는 먼저 가족들에게 고스란히 전이되고, 교인들에게도 퍼지기 십상입니다.

자기 나름대로 사역의 의미와 가치를 분명히 가지고 열심히 목회한다면, 경제적으로는 어려움을 겪을지라도, 그 어려움이 좌절하거나 낙심하거나 우울하거나 무기력하게 만들지는 않을 것입니다. 이왕이면 자기가 지금 하는 사역을 기쁜 마음으로, 큰 보람을 가지고 열심히 하는 분들을 격려해 드리고 싶었습니다.

그러나 가장 중요한 것은 역시 아이 당사자입니다. 부모는 경제적으로 여의치 않고 교회나 생활 여건도 도시에 비해 매우 열악한 환경에서, 아이들이 자신의 미래의 삶에 대해서 아름다운 꿈을 꾸는 것이 쉬운 일은 아닙니다. 이번 미국 여행이 자기의 미래에 대한 꿈을 그릴 수 있는 기회가 되었으면 좋겠습니다.

아이들을
만나다

　이천·파주·탄현·양평 등, 서울 인근의 경기 지역에 사는 아이와 부모님은 금요일 저녁에 영등포의 회사 사무실에서 만났습니다. 아이들은 면접 시간을 지키려고 수업을 마치자마자 부모님과 함께 허겁지겁 달려왔습니다.

　남해부터, 광주·산청·김천·함양·부산·대전 등에서 오는 아이들은 대전에서 만났습니다. 이미 밝혔지만, 서울에서 면접하게 되면 교통비도 만만치 않고, 시간도 많이 걸립니다. 가족이 서울에서 하루를 지내야 할 수도 있습니다. 그런 부담을 지우고 싶지 않아서 우리가 토요일에 중간 지역으로 내려갔습니다.

　서울에서 만난 아이들이든, 대전에서 만난 아이들이든, 면접하는 방으로 들어오는 아이들 얼굴에는 어색함과 긴장감이 잔뜩 묻어 있었습니다. 특히 질문하고 대답하는 과정에서 아이들의 긴장은 최고조로 보였습니다. 면접 분위기가 딱딱하지는 않았으나, 꼬치꼬치 이것저것 자세히 물어 보니까 아이들이 힘들었나 봅니다.

처음 만났던 그때를 지금 돌이켜 보면, 미국을 여행하는 내내 떠들고 까불고 어지럽히고 야단맞고 깔깔거리면서 신나게 놀던 모습과 극과 극입니다. 이 아이들이 그 아이들 맞나 하는 생각이 지금도 들 정도입니다.

처음 아이들의 태도나 말하는 내용은 마치 모범 답안 같았습니다. 하나같이 부모님께 감사하고, 남들을 섬기고 싶은 꿈이 있고, 선교와 음악에 관심이 많았습니다. 그런데 그 대답이 자연스럽게 느껴지지 않는 경우도 있었습니다.

시간이 지나면서, 제가 뭔가 질문하면 눈물부터 흘리는 아이들이 있었습니다. 그때는 왜 그런지 몰랐습니다. 제 표정이 너무 딱딱했나, 말투가 무뚝뚝했나, 면접 분위기가 경직되었나, 뭐가 문제인지 고민했습니다. 나중에 아이들이 그때 이야기를 했습니다. 그동안 묻어 두고 지냈던 여러 감정들이 질문과 대답 속에서 스멀스멀 기어 올라와서 힘들었다는 것입니다.

여행을 떠나기 3주 전, 부산 호산나교회에서 아이들을 다시 만났습니다. 부모님도 동행했습니다. 미국으로 가기 전에 하룻밤을 같이 지내면서 친해지도록 했습니다. 부모님이 궁금하게 여기는 점들과 아이들이 여행지에서 지켜야 할 것들을 설명해 주었습니다.

　PK(Partor's Kids)는 5분만 같이 있어도 금세 친해진다는 말이 있습니다. 그만큼 동질감이 강하다는 뜻입니다. 처음 만났는데도 늦은 밤까지 자지 않고 게임을 하다가, 어느새 목사 자녀로서 겪는 이야기들을 나누었습니다. 자기들끼리 이야기하면서 펑펑 울었답니다. 개별적으로 면접할 때 나온 이야기를 다 같이 나누면서 단체로 힐링하는 효과가 있었던 것 같습니다.

　처음부터 전혀 다른 모습을 보여 주는 아이들도 있었습니다. 몇 명은 면접할 때도 앉는 자세나 말할 때 몸짓이나 말투 같은 것이 상대적으로 자유로워 보였습니다. 대답하는 내용도 그러했습니다. 자세히 이야기를 나누어 보면 부모의 교육 방식이 아이들의 태도에 새겨 있는 것을 알 수 있었습니다.

 그 아이에 대한 사전 이해가 전혀 없이 처음 대하면 버르장머리 없는 것처럼 느낄 수도 있습니다. 다리를 꼬고, 몸을 앞으로 숙였다가 뒤로 제쳤다가, 쉬지 않고 몸을 움직입니다. 대답에 막힘이나 거침이 없습니다. 미국에서 이 아이들을 겪어 보니, 주위가 매우 산만한 것 같았습니다. 앞에서 주의사항을 전달할 때나 낯선 장소를 안내할 때도 친구들과 이야기하는 데 얼이 쏙 빠져서 제 이야기에 집중하지 못했습니다.

 그런 일이 하도 자주 일어나서 한 번은 정색을 하고 소리를 지르면서 야단을 쳤습니다. 그랬더니 그 뒤로는 조건반사처럼 재빠르게 저에게 주목합니다. 통솔하기가 훨씬 수월해지기는 했지만, 아이들을 고압적으로 길들이는 것 같아서 미안했습니다.

안 맞는 남녀 성비

　다 뽑고 보니 남녀 성비가 안 맞습니다. 여자가 압도적으로 많았습니다. 목사 부부는 주로 딸을 낳는 편인가? 처음에는 여자와 남자 비율이 6대 4여서 그나마 괜찮았는데, 남학생 한 명이 중간에 포기하는 바람에 7대 3이 되었습니다.

　저에게도 딸이 둘 있습니다. 첫째는 고2, 둘째는 중1입니다. 두 딸과 17년을 함께 살고 있으니 여자 아이들과 지내는 것에 부담은 별로 없습니다. 그래도 현지에서 아이들과 일일이 직접 부딪혀야 하는 스태프 중에는 여자가 있어야 하는데, 우리 회사에 여자 직원은 두 명밖에 없습니다. 둘 다 장기간 해외여행을 할 수 있는 여건이 안 되었습니다. 외부에서 수혈할까 생각도 했지만, 스태프와 손발이 맞지 않으면 더 큰 어려움을 겪을 수도 있습니다. 이리저리 고민하다가, 일단 우리끼리 남자 셋이서 진행해 보기로 했습니다.

여행이 끝난 다음 결론적으로 말한다면, 아이들의 성비에 맞추어 스태프도 남녀가 있어야 했습니다. 큰 문제가 발생한 것은 아니지만, 아이들의 소소한 필요를 충분히 채워 주지 못했습니다. 아이들이 불만을 크게 드러내지는 않았지만, 여러모로 불편했을 것입니다.

 집에서는 혼자 방을 쓰다가 여러 명이 한 방에서 지내다 보니 개인 물건과 공동 물품을 함께 정리하는 것이 익숙하지 않았습니다. 남자 아이들과 달리 여자 아이들은 친구 관계를 맺는 데 겉으로 잘 드러나지 않는 민감한 면이 있습니다. 이럴 때 여자 선생이 중간에서 조정하고 조율해 주었다면 훨씬 좋았을 텐데 하는 아쉬움이 있습니다. 먼 곳으로 여행을 와서 자유롭게 지내면서 스트레스를 발산하는 장점도 있지만, 다른 생활환경에서

지낸 사람들이 서로를 존중하고 배려하면서 한데 어울려 지내는 법을 배울 수 있는 좋은 기회였는데, 그 기회를 충분히 활용하지 못했습니다.

다음에는 꼭 여자 스태프를 데리고 가야겠다고 생각했습니다. 하지만 회사에 장기 여행을 할 만한 여직원이 없습니다. 고민 끝에 좋은 아이디어가 떠올랐습니다.

미국에 있는 한인 목사 자녀 중에도 미국 여행을 하지 못한 이들이 얼마나 많겠습니까. 풍요로운 미국에서 목회한다고 하지만 그곳 역시 미자립 교회들이 수두룩합니다.

이번에 그랜드캐니언을 갔다고 하니까 부러움을 감추지 못하는 이들이 적지 않았습니다. 미국에 수십 년을 살지만 시간적·

경제적 부담 때문에 여행 한 번 제대로 하지 못한 이민자들이 참 많습니다. 미자립 교회 목사 자녀라면 말할 것도 없습니다.

와싱톤한인교회 김영봉 목사님이 "한국에서 온 PK들을 섬기는 귀한 일에 동참하기를 원하는 분들은 참여해 달라"고 페이스북에 글을 올렸는데, PK들을 섬기겠다고 나선 분들은 거의 없고, "우리 아이에게도 여행 기회를 달라"는 미국 내 한인 목회자들의 요청이 훨씬 많았습니다.

미국에서는 대학생 이상 목사 자녀를 선발해서, 그들에게 미국 여행의 기회를 주는 동시에 한국 청소년들의 도우미 역할을 맡기면 좋겠다는 생각이 떠올랐습니다. 목사 자녀로서 동질감을 가지고 있기 때문에 동생들을 더 잘 돌보아 줄 것입니다. 영어를 제대로 하기 때문에 아이들이 거리나 가게에서 미국인들과 대화하거나 주문하는 일을 도울 수 있을 것입니다. 볼거리가 넘치는 박물관에 들어가지만 영어를 읽고 듣는 것에 익숙하지 못해서 대충 스치고 지나가는 일도 훨씬 줄어들 것입니다. 이거야말로 일거양득입니다.

남녀 성비 불균형이라는 작은 불편을 갖고 고민하고, 이것을 해결해서 더 좋은 여행을 만들려고 고심한 결과, 그전에는 미처 생각하지 못한 혜택으로 발전합니다. 기분이 좋습니다.

이것저것 다 따지다가 시작도 못 하겠습니다. 부족한 것은 나중에 채우도록 하고, 일단 출발!

두 번째 이야기

잊을 수 없는 그 맛, 소 혓바닥
안쓰러움이 속 쓰림으로
UCLA에서 만난 '지선아 사랑해'
평화의 소녀상

잊을 수 없는 그 맛, 소 혓바닥

  LA에서 만나야 할 사람과 해야 할 일이 있어서 제가 일주일 먼저 미국에 들어왔습니다. 어느덧 아이들이 입국하는 날이 되었습니다. 2월 16일 늦은 오후, 도착 예정 시간에 맞추어 로스앤젤레스 국제공항(LAX)에 나갔습니다. 시간이 지났는데 소식이 없습니다. 마음은 답답하지만 무작정 기다릴 수밖에 없습니다.

  한국에서부터 아이들을 인솔한 엄 쌤에게서 전화가 왔습니다. (아이들은 엄태현 실장을 이렇게 불렀습니다. 저는 당연히 김 쌤입니다.) 비행기가 경유지인 샌프란시스코 공항에 늦게 도착한데가 입국 심사를 하는 데 예상보다 시간이 많이 걸렸다고 합니다. 엎친 데 덮친 격으로 한 아이의 가방을 찾지 못했다고 합니다. 가뜩이나 여유 시간이 부족한데 짐을 찾아 헤매느라고 LA 가는 비행기를 놓치고 말았습니다.

다음 비행기를 알아보는 중인데, 두세 시간 뒤에 떠나는 비행기를 탈 수 있을 것 같다고 합니다. 12명이나 되는 일행이 한꺼번에 탈 수 있는 자리가 남아 있다니, 그나마 천만 다행입니다.

한국과 미국 사이의 국제선뿐만 아니라 미국 국내선도 전부 유나이티드(UA)로 예약했습니다. 샌프란시스코 공항은 유나이티드 항공의 주요 허브 공항이기 때문에, LA 직항 편보다 샌프란시스코 경유 편이 상대적으로 저렴합니다. '값싼 비지떡'이라는 속담을 실감하는 여행 첫날이었습니다.

몇 시간 지나서 일행이 도착했는데, 반갑게 인사를 나눌 분위기가 아닙니다. 짐을 찾지 못한 아이는 울상입니다. 대개의 경우 분실 수화물은 며칠 안으로 주인에게 돌아옵니다. 하지만 처음 해 보는 해외여행에서 짐을 잃어 버렸으니 당황할 만도 합니다.

면접할 때 제가 질문하면 대답은 안 하고 눈물을 보이던 울보 녀석이 미국에서 짐을 잃어 버렸으니 오죽하겠습니까. 주룩주룩 눈물을 흘리는 모습을 보니 제 마음도 답답해집니다. 잃어버린 물건 때문이 아니라 왠지 앞날이 순탄하지 않을 것 같은 불안감 때문입니다.

짐을 잃어버린 아이뿐만 아니라 장거리 비행에 지친 아이들의 표정이 밝지 않습니다. 비행기를 탈 때만 해도 마음에 설렘을 하나 가득 안고 탔을 텐데, 미국에 첫발을 내딛자마자 피곤에 절어서 다 죽어가는 표정을 짓고 있으니, 그 모습을 보는 저

도 힘이 빠집니다.

그래도 지체하면 안 됩니다. 한국에서 온 손님들을 환영하기 위해 이곳에 사시는 분들이 저녁을 대접하겠다고 한인 타운의 한 고기 집에서 기다리고 있습니다. 예약한 렌터카 두 대에 나눠 타고 서둘러 움직였습니다.

우리를 초대한 분이 일찌감치 와서 기다리고 있었습니다.

"자, 먼 길 오느라 고생했습니다. 마음껏 드세요."

죽은 아이들이 부활했습니다. 식당이 시끄러워졌습니다. 식당에서는 말을 잘 듣는군요. 눈치 보지 않고 정말 마음껏 주문했습니다. 등심, 안심, 안창살, 차돌박이……. 종류를 안 가리고 닥치는 대로 주문해서 먹어치웠습니다.

"얘들아, LA 갈비가 왜 LA 갈비인지 아니?"

우리를 안내하는 목사님이 LA 갈비의 유래에 대해서 설명해주려고 했지만, 아이들은 고기의 맛에만 깊은 관심이 있지 고기 이름의 유래까지 알고 싶지는 않은 것 같습니다.

미국에 와서 첫날 저녁 식사는 이렇게 소란스럽게 끝났습니다. 아이들은 숙소로 가는 차 안에서 어떤 고기가 가장 맛있었는지 시식 평을 나누었는데, 1등은 소의 혓바닥이었습니다. 이 녀석은 한국으로 돌아가는 순간까지 소의 혓바닥 맛을 잊지 못했습니다. 녀석의 아버지가 소를 키우지 않으시는 것이 다행입니다. 나중에 한국 가면 소 혓바닥을 구워먹으면서 영화 '워낭소리'를 한 번 보라고 추천해 주어야겠습니다.

안쓰러움이
속 쓰림으로

미국에서 첫날밤입니다. 한밤중이 다 되어서 도착한 숙소는 ANC 온누리교회에서 마련해 준 호텔입니다. 내일부터 빽빽한 일정을 소화하려면 빨리 잠자리에 들어야 하는데, 아이들이 잘 협조해 줄지 모르겠습니다.

다음 날 아침, 모두 무사히(?) 제시간에 일어났습니다. 호텔에서 아침을 먹은 다음 LA 북쪽 지역에 있는 ANC 온누리교회를 갔습니다.

산이든 평지든 구분 없이 사막처럼 건조하고 황량한 이 지역은 미국 서부의 자연환경 분위기를 잘 보여 줍니다. 교회가 있는 이 지역은, 마을 사람들이 넓은 목초지에서 말을 기르고 승마도 하는 곳입니다. 이 동네에서는 밤에 모임을 가지면 안 된다고 합니다. 말이 밤에 푹 자야 하는데, 소음 때문에 잠을 설치면 안 되기 때문입니다. 개보다 말의 팔자가 상팔자 대접을 받는 동네입니다. 구수한 말똥 냄새가 잔잔히 번지는 곳이지만, 좋은 점도 있습니다. 교회는 장애인 아이들을 위해 승마 테라피 프로그램을 운영합니다. 승마가 정서 안정과 신체 건강에 도움이 된다고 합니다.

ANC 온누리교회는 새로운 도전을 준비하고 있습니다. 이 교회는 담임목사가 2명입니다. 1세대 유진소 목사님이 1996년에 개척해서 지금까지 담임을 하고 있습니다. 다음 세대를 준비하기 위해서 얼마 전 캐나다 출신 1.5세인 김태형 목사님이 차세대 담임목사 직함을 가지고 있습니다. 교회의 덩치를 키우는 것보다 미래를 준비하는 교회의 방향이 바람직해 보입니다. 김태형 차세대 담임목사님이 아이들을 맞아서 한 시간 동안 '복음'에 대해 설명해 주었습니다.

아이들은 주일에도 이 교회를 갔습니다. 또래들이 모이는 한어 중고등부 예배에서, 미리 연습한 곡을 불렀습니다. 목사 자녀들은 웬만하면 노래를 잘하는 편이고, 게다가 전날에도 열심히 연습했는데, 이 아이들은 좀 이상합니다. 성인 예배에도 참여해서 교인들에게 인사했고, 교인들이 아이들을 뜨거운 박수로 환대해 주었습니다.

시차도 적응이 안 된 상태에서 예배를 두 번이나 드리게 되니, 아이들은 설교 시간에 꾸벅꾸벅 좁니다. 조는 모습을 교인들이 볼까 봐 창피하기보다는 아이들에게 미안했습니다. 예배가 끝나고 한 아이에게 "예배를 두 번이나 드리니까 힘들지?" 하고 물었더니, "아니요, 저는 주일 되면 4번이나 드리는데요?" 합니다.

아이들은 대부분 주일만 되면 유치부나 유년부 교사가 되었다가, 중고등부 학생이 되었다가, 어른 예배 반주자가 되었다가, 좀 쉬고는 또 다시 오후 예배 반주자나 찬양 인도자로 변신해야 합니다. 가르치기보다는 배우기에 열중해야 할 나이이고, 친구들과 수다를 떨기에도 시간이 아쉬운 나이인데, 주일마다 에너지를 소진해야 합니다. 작은 손이라도 아빠의 목회를 도와야 하기 때문입니다.

대체 하루에 예배를 몇 번이나 드리는 것인가. 이 작은 교회에서 내 역할은 도대체 무엇인가. 아니, 나는 정말 누구인가. 이

런 정체성의 혼란이 없다면 오히려 이상한 일이겠지요.

　처음에는 안쓰러웠습니다. 이 안쓰러움은 그리 오래 가지 못했습니다. 시간이 제법 흘렀지만 다른 지역에서도 똑같은 현상이 반복해서 일어났기 때문입니다. 아이들이 조는 것은 시차 때문만도 아니고, 긴장이 없어서도 아닙니다. 이 나이에는 원래 아무리 자도 여전히 졸리게끔 생겨 먹은 것입니다.

　그래도 그렇지. 찬양할 때에는 정신이 말똥말똥하고 목소리와 제스처에 은혜가 넘칩니다. 설교만 시작하면 총이라도 맞은 것처럼 푹 쓰러져서는 좀처럼 일어나지 못합니다. 설교 시간마다 시체가 되는 모습을 반복해서 보다 보니 안쓰러움은 점점 속쓰림으로 변했습니다.

UCLA에서 만난 '지선아 사랑해'

오전에 ANC 온누리교회를 방문한 다음, 오후에는 디즈니랜드를 갔습니다. 저는 LA를 여러 번 방문했지만 디즈니랜드를 가 본 적은 없습니다. 인공적인 관광지에 대한 흥미가 없는데다가 입장료까지 비싸니, 디즈니랜드가 있는 동네 근처도 간 적이 없습니다. 하지만 아이들 입장에서 디즈니랜드를 빼 놓고 LA를 관광한다는 건 뭔가 허전한 일입니다.

아이들에게 보여 주고는 싶었지만, 엄두가 나지 않았습니다. 그런데 이 교회 교인 중 한 분이 우리 일행 모두의 입장권을 사 주셨습니다. 1인당 입장료가 우리 돈으로 10만 원 정도이니, 일행이 다 간다 치면 130만 원이나 되는 결코 적지 않은 금액입니다. 입장권을 사 주신 분이 누구인지 우리는 지금도 모릅니다. 익명의 천사 덕분에 아이들은 미국에 오자마자 디즈니랜드를 신나게 쏘다녔습니다.

다음 날 아침에는 캘리포니아대학교(University of California, UCLA)를 갔습니다. 이 대학은 UC 버클리(University of California, Berkeley)와 함께 미국 서부 명문 대학의 쌍두마차를 이루는 곳입니다. 한국의 추운 날씨와 정반대로, 따뜻하고 쾌청한 미국 서부의 겨울 날씨를 즐기면서 캠퍼스를 거닐었습니다. 대학 캠퍼스를 둘러보는 것만으로도 충분히 자극이 될 수 있겠지만, 이곳에는 아이들의 멋진 인생 멘토가 공부하고 있었습니다.

〈지선아 사랑해〉, 〈오늘도 행복합니다〉의 저자이자 주인공인 이지선 씨를 학교에서 만났습니다. 이지선 씨는 제가 뉴욕에서 지내던 2007년과 2008년에 워싱턴과 보스턴에서 만난 적이 있습니다. 당시 지선 씨는 보스턴대학교에서 재활 상담 석사 과정에서 공부하고 있었습니다. 한국에서 사고를 당했을 때는 이화여자대학교에서 유아교육을 전공했고, 미국에서는 컬럼비아대학교 사회복지학 석사와 보스턴대학교 재활 상담학 석사 학위를 마치고 UCLA 사회복지학 박사 과정을 밟고 있었습니다.

지선 씨에게 아이들을 만나줄 시간이 있겠느냐고 한국에서 메일을 보냈는데, 기꺼이 허락해 주었습니다. 모처럼 쉬는 토요일 오전에도 불구하고 지선 씨는 단정한 정장 차림을 하고 나와서 아이들을 맞아 주었습니다. 강의실에 빙 둘러앉아서 여러 이야기를 들려주었습니다. 함께 캠퍼스를 돌아다니며 안내해 주었고, 미리 준비한 자기 책을 선물해 주면서 한 명 한 명과 기념

사진을 찍었습니다. 오후에는 함께 산타모니카 해변이 있는 동네에 가서 온갖 공연을 벌이는 거리도 같이 걸었습니다.

아이들은 지선 씨와의 특별한 만남을 오랫동안 기억했습니다. 한 아이는 "불행이란 남과 비교할 때 생기는 것일 뿐, 나에게 주어진 상황에서 하나님께 감사하며 의지를 가지고 노력하면 그 자체가 바로 행복"이라는 지선 씨의 한마디가 무척이나 인상 깊었다고 했습니다.

점심은 산타모니카 해변 근처의 식당에서 먹기로 했습니다. ANC 온누리교회 교인이 우리를 대접해 주시는 것이라고 했습니다. 식당에서 우리를 맞이한 교인은 젊은 부부입니다. 남편은, 철없던 시절에 얼마나 엉망진창으로 살았는지, 아내를 만난 데 이어 예수님을 제대로 만나서 지금은 감사하는 마음으로 열

심히 봉사한다는 이야기를 들려주었습니다. 두 부부가 처음 만나는 아이들에게 나누고픈 깊은 마음을 충분히 느낄 수 있는 대화와 식사 자리였습니다.

점심을 먹은 다음에는 주말마다 작은 공연이 열리는 거리를 걸었습니다. 아이들을 산타모니카 해변에 몰아넣고, 저는 차로 20분 정도 떨어진 곳에 있는 카페를 찾아갔습니다. 맛있는 커피를 마시면서 좀 쉬고 싶었습니다.

하지만 산타모니카는 아이들에게 별다른 감흥을 주지 못했습니다. 아이들이 지겨워해서 곧 이동해야겠다는 전화가 왔습니다. 그 좋은 곳을 지겨워하다니, 한국으로 돌아가서 회상하다 보면, 제대로 즐기지 못한 것을 반드시 후회하게 되리라!

평화의
소녀상

 ANC 온누리교회에서 주일 예배를 드린 다음 애리조나 주까지 장거리 여행을 해야 합니다. LA에서 출발하면 자동차로 8시간 정도 걸리고 1시간 시차가 있을 만큼 먼 곳입니다. 5일 동안의 짧은 캘리포니아 여행 일정 중에서 3일이라는 시간을 애리조나 여행에 쏟았습니다. 한국 선교사님이 사역하는 인디언 보호구역을 방문하는 것도 의미가 있고, 그랜드캐니언을 구경하는 것도 평생 잊지 못할 좋은 추억이 될 거라고 생각했습니다.

 그곳에 가기 전에 잠깐이라도 먼저 들러야 할 곳이 있습니다. 아이들에게 꼭 보여 주고 싶어서 벼르던 곳입니다. LA 북쪽에 글렌데일(Glendale)이라는 지역이 있습니다. 글렌데일 시립 도서관 마당에 '평화의 소녀상'이라는 이름의 동상이 서 있습니다. 한국에 있는 일본 대사관 앞에 성노예 할머니를 상징하는 소녀상이 있는데, 그것과 똑같은 소녀상입니다.

일본이 제2차 세계대전 때 자신이 식민지로 만든 여러 국가의 수많은 여자들을 성노예로 삼은 것은 천하가 다 아는 역사적 진실입니다. 일본 자신만 부인하고 있습니다. 우리나라에도 수십만 명의 희생자들이 계십니다. 안타깝게도 일본의 진지한 사과와 배상을 제대로 받지 못한 채 한 분 두 분 세상을 떠나고 있습니다. 우리가 이분들의 고통에 무관심해서는 안 됩니다.

 이곳에 소녀상이 세워진 때는 2013년 7월 30일이니까, 우리가 방문하기 5개월 전입니다. 일본인들은 소녀상이 건립되자마자 그것을 철거하라고 시의회에 로비하고 서명운동을 벌였습니다. 우리가 이곳을 들르기 직전에 철거 운동이 거셌고, 짧은 기간에 10만 명이 넘는 일본인들이 소녀상을 없애라는 청원에 서명했습니다.

미국에 사는 우익 일본인과 친일적인 미국인이 평화의 소녀상 옆에 앉아서 비아냥대는 동영상을 찍어서 유포하기도 했습니다. 이에 반해 미국에 사는 한국과 중국, 양심적인 일본인들은 철거해서는 안 된다면서 글렌데일 시의회를 압박했습니다. 다행스럽게 시의회는 소녀상을 철거할 의사가 없어 보입니다.

한국에서는 수요일마다 '위안부 할머니 수요 집회'가 열리고 있습니다. 지금까지 20년이 넘도록 1000번 넘게 열렸습니다. 일본 대사관 앞에 있는 소녀상을 보거나 집회에 참여해 본 경험이 있는 아이는 별로 없을 것입니다. 미국에서라도 이러한 곳이 있다는 것을 보여 주고 싶었습니다. 어쩌면 다른 나라이기 때문에 마음이 조금이라도 더 열리지 않을까 하는 기대도 있었습니다.

눈을 제대로 뜰 수 없을 만큼 햇살이 따가운 주일 오후, 우리가 갔을 때는 평화롭고 조용했습니다. 잔디를 걸을 때까지는 왁자지껄하더니, 소녀상 앞에 이르자 아이들의 표정이 진지해졌습니다. 평소처럼 시끄럽게 떠들거나 장난치지 않고, 바닥에 쓰인 취지와 설명의 글을 자세히 읽었습니다.

한 아이는 자기가 활동하는 학교 동아리를 통해서 전쟁 성노예에 대해 공부하고 위안부 할머니 수요 집회에 두 번 참석한 적이 있다고 합니다. 그 아이는 자기 소개서에 이렇게 썼습니다.

'…… 할머님이 얼마나 아픈 기억을 가지고 계시는지, 요즘 세대가 왜 도움을 드려야 하는지 조금씩 알아가고 있습니다. 이렇게 무언가를 알아가고 가슴 아파할 수 있는 기회가 있다는 게 생각할수록 참 감사합니다. 그리고 이번 비전 캠프와 연결시켜 보니 미국에 기림비(소녀상)가 세워졌다는데, 우리가 가는 지역에서도 기림비를 찾아볼 수 있을까 하는 궁금증이 생기기도 합니다.'

그 아이에게 미국에서 소녀상을 본 소감이 어떤지 물었습니다.

"안타깝네요."

짧은 한마디뿐이었습니다. 하긴 특별히 긴 이야기가 필요 없을지 모릅니다. 아이들이 이 소녀, 이 할머니와의 짧은 만남을 오랫동안 기억해 주면 좋겠습니다. 한국에서도 가끔 할머니를 만나는 기회를 가져 주면 더 좋겠습니다.

세 번째 이야기

이런 노래 불러도 돼요?
그랜드캐니언에서 짝 벌어진 입
인디언 박물관과 기숙학교

이런 노래 불러도 돼요?

13명이 두 대의 렌터카에 나누어 탔습니다. 저쪽은 운전기사가 엄태현 실장과 김재광 간사, 이렇게 둘인데, 이쪽은 저 혼자입니다. 까짓 8시간 정도야. 장거리 운전을 하려면 마음이 편해야 합니다. 몸도 긴장하면 안 됩니다.

"너희가 좋아하는 음악 좀 틀어 봐라."

한 아이가 자기 스마트폰에 담긴 음악 파일을 열었습니다. CCM입니다. 아, 짜증나. 갑자기 몸과 마음이 경직됩니다.

"얘들아, 여기는 교회가 아니란 말이야."

다른 아이가 음악을 틀었습니다.

"아니, 너는 네가 듣는 음악을 안 가지고 오고 엄마 아빠가 듣는 음악을 가지고 왔니?"

아이의 부모 세대에서 즐겨 듣던 가수 이선희, 이문세, 김광석 노래 파일이 중학생의 스마트폰에 가득 담겨 있습니다. 엄마 아빠랑 이런 음악을 같이 듣는다고 합니다. 취향 참 독특하군. 근데 이런 음악도 몸의 긴장을 푸는 데는 큰 도움이 안 됩니다.

'더 이상 숨기려고 하지 마라. 숨으려고 하지도 마라. 눈치 볼 필요 없다. 비록 좁은 차 안이지만, 하지만 엄청나게 넓은 곳 아니니. 이곳에서 너희의 자유를 마음대로 드러내 봐라.'

말로 표현은 안 했지만, 아이들에게 이런 이야기를 해 주고 싶었습니다.

드디어 속내를 드러냅니다. 쿵쾅쿵쾅, 제 귀에 익은 음악이 나오기 시작했습니다. 우리 두 딸이 좋아해서 제 귀에도 익숙해진, 아이돌, 걸그룹이 부르는 댄스곡들입니다. 사는 동네는 다를지라도 아이들은 똑같구나 싶습니다. 흥겨운 노래에 맞추어서 저도 엉터리로 흥얼흥얼거리고 몸을 가볍게 흔들면서 운전했습니다.

몇몇 아이들의 표정을 훔쳐보니 살짝 당황한 느낌입니다. 말하지 않아도 알아요.

'목사 자녀들이 이런 노래 부르고 들어도 되나요?'

몇몇 아이들이 큰소리로 노래를 부르면서 몸을 흔들어대자 차 안은 금세 댄스클럽으로 바뀌었습니다. 무엇보다 김 쌤(아이들이 저를 이렇게 부릅니다)부터 몸을 흔들고 흥얼거리고 있지 않은가. 머뭇거리던 아이들도 잠시 후 흐름을 탑니다. 애리조나를 향한 고속도로를 질주하는 승합차 안은 작은 해방구가 되었습니다.

몇 시간이 지나도 끝이 안 보이는 고속도로입니다. 이른 저녁을 먹기 위해서 햄버거 가게에 들어갔습니다. 탄산음료를 담는 종이컵 밑바닥에 'John 3:16'이 쓰여 있습니다. 이걸 보여 주면서, 무슨 뜻인지 물었습니다. 한 아이가 한참 생각하더니, "존이 3시 16분에 여기 왔다"고 번역합니다. 이런 비성경적인 녀석 같으니라고. 너 정말 목사 아들 맞아?

햄버거로 배를 채우니 다들 정신이 돌아온 것 같습니다. 다시 운전을 시작했습니다. 한 아이가 묻습니다.

"쌤, 이런 노래 불러도 돼요?"

아니, 여태 신나게 불러 놓고 이제 와서 왜 그런 걸 물을까. 이 아이는, 교회 전도사님한테 CCM 같은 것 외에는 절대 부르면 안 되는 것으로 배웠다고 합니다. 왜곡된 종말론도 강하게 주입한 것 같습니다. 이 세상의 모든 것은 곧 없어질 것이기 때문에 그런 것에 집착하거나 즐겨서는 안 된다고 배웠다는 것입니다. 이단만 이렇게 엉뚱한 소리를 하는 것이 아닙니다.

나중에 부모님을 만나 보니 부모님은 그렇게 왜곡된 생각을 가진 분들이 아니었습니다. 아이에게는 부모의 생각보다 교회 전도사의 영향이 컸던 것 같습니다. 친구들을 따라서 신나게 노래를 불렀고, 마음껏 즐기기는 했지만, 다른 한 구석에서는 양심의 가책이 따라다녔던 것입니다.

나는 아이에게 "이 모든 것은 하나님이 우리에게 주신 선물이니까 아무 걱정 말고 마음껏 즐기고 누리라"고 했습니다. 아이의 표정이 밝아졌습니다.

그랜드캐니언에서 짝벌어진 입

얼굴을 맞대고 재잘거리다가, 시끄럽게 노래하다가, 지치면 잠에 빠지다가, 그렇게 8시간을 달려서 밤늦게 애리조나의 주도(州都)인 피닉스 시 근처 숙소에 도착했습니다. 안맹호 선교사님이 숙소에서 우리를 기다리고 있었습니다. 시간이 너무 늦어서 선교사님과는 간단히 인사만 하고 내일 일정을 점검한 다음 각자 자기 방으로 들어갔습니다.

아이들은 자기들대로, 스태프들은 그들대로 할 일이 남아 있으니 곧바로 잠자리에 들 수가 없습니다. 뭐가 그리 나눌 이야기가 많은지, 침대 속에서도 조잘조잘, 깔깔깔깔, 복도에서 다 들릴 만큼 시끄럽습니다. 스태프는 지난 여정을 정리하고 앞으로 일정을 조정하며, 한국 방송국에서 요청한 영상 파일을 전송하는 등, 일거리가 잔뜩 밀려 있습니다.

다음 날, 숙소에서 간단히 아침을 먹고 안맹호 선교사님 안내를 받아 인디언 보호구역에 가기로 했습니다. 아참, 안맹호 선교사님 소개를 빼먹을 뻔했습니다.

이분은, 애리조나 주 곳곳에 흩어져 있는 여러 인디언 보호구역 중에 Gila River Indian Reservation이라는 지역에서 여러 인디언 원주민 교회를 돌면서 그들이 신앙적으로 자립할 수 있도록 돕는 사역을 합니다.

그전에도 여러 한인 선교사들이 인디언 보호구역에서 사역했으나 큰 상처만 남기고 헤어졌습니다. 원주민들을 미개한 사람들로 무시하고 가르치려고만 하는 우월감, 성숙해질 때까지 기다려 줄 줄 모르는 조급함, 원주민들의 생활 관습과 문화를 배려하지 않는 무례함 등이 원인이었습니다. 인디언들은 오랜 세월 백인들에게 괄시를 받았는데, 이제는 한인들에게까지 무시를 당하는 셈입니다. 이런 갈등은 전 세계 곳곳에 흩어져 있는 한인 선교사들의 공통된 문제라고 할 수 있습니다.

부정적인 경험 때문에 이곳의 인디언 원주민들은 한인 선교사들을 거부했습니다. 미국 교회의 파송을 받은 안맹호 선교사님은 서두르지 않고 천천히 사귀면서 인격적인 교제와 신뢰를 쌓아 갔습니다. 오랜 시간이 흐르고 나서야 조금씩 조금씩 마음의 문을 열 정도로 상처와 피해의식이 깊고 컸습니다. 지금은 가끔 설교하고 성찬을 집례하면서 이들이 스스로 예배하는 것을 옆에서 돕고 있습니다.

선교사님의 안내를 따라 그랜드캐니언(Grand Canyon)으로 향했습니다. 피닉스에서 차로 3시간 가까이 북쪽으로 올라가야 하는 제법 먼 거리입니다. 하루 사이에 장거리 차타기에 적응된 아이들은 차 안에서 게임을 합니다. 플래그스태프(Flagstaff) 지역으로 올라가는 중간에 세도나(Sedona)에 잠시 멈추기로 했습니다.

세도나로 가는 길은 붉은 흙으로만 이루어진 지역, 갖가지 선인장들만 모여 있는 지역 들이 명확히 구별되어 있습니다. 차 안에서 바깥을 구경하는 것만으로도 흥분이 될 만큼 볼거리가 많았지만, 아이들은 게임에만 푹 빠져 있었습니다. 혼자 하는 스마트폰 게임에 중독된 것은 아니니 그나마 다행이라고 할까요.

세도나에 도착했습니다. 세계적인 관광지이면서도 일반인은 평생 한 번 가 보기 어려운 곳입니다. 그렇게 유명한 곳인지, 그저 자기네 동네 뒷산인지, 기념사진 몇 장 찍고는 여전히 게임에 몰두하는 아이들을 보노라니, 그랜드캐니언까지 가는 게 의미가 있을까 하는 생각이 들 정도였습니다.

 그랜드캐니언에 도달하자 그제야 아이들 입이 쩍 벌어졌습니다. 사진으로 본 적은 있지만, 두 눈으로 직접 보는 그랜드캐니언은 말로 표현하기 어려울 만큼 웅장하고 신비로웠습니다. 비록 짧은 시간 머물렀지만 아이들의 머리와 가슴속에 인상 깊게 새겨질 만한 곳임에 분명합니다. 이 넓고 깊은 계곡을 보면서, 아이들의 마음도 넓어지고 생각도 깊어지기를 바랐는데, 저의 이 마음을 느낄 수 있으려나 모르겠습니다.

인디언 박물관과 기숙학교

그랜드캐니언을 다녀오는 데에만 하루를 다 보냈습니다. 며칠 머물면서 제대로 들여다보아야 하는데, 그럴 만한 시간 여유가 없었습니다. 지금은 아쉬운 마음이 있지만, 그때까지만 해도 관광지에서 시간을 오래 보내고 싶은 생각이 없었습니다.

저는 원래 그랜드캐니언 같은 관광지보다 인디언 보호구역에 들어가서 원주민들과 만나는 경험이 아이들에게 더 의미 있겠다고 생각했습니다. 하지만 시간도 턱없이 부족한데다가 사전에 섭외가 되지 않아서 그들과의 만남은 성사되지 못했습니다. 이번 여행에서 아쉬운 점 중에 하나입니다.

대신 셋째 날 아침 피닉스에 있는 허드박물관(Heard Museum)을 갔습니다. 이곳에서 인디언에 대해서 공부하는 것으로, 이들을 직접 만나지 못하는 아쉬움을 대신하기로 했습니다.

이 박물관에는 미국 남서부 지역에 있는 인디언 원주민들의 역사, 문화를 한눈에 볼 수 있는 4만여 점의 전시물이 있습니다. 백인들이 이 땅을 점령하기 전에 그들이 조상 대대로 만들어서 사용했던 바구니, 그릇, 도자기, 의류, 온갖 장신구와 아주 오래된 유물 들을 볼 수 있습니다.

 우리가 이 박물관에서 가장 집중적으로 보고 공부한 내용은 '기숙학교(boarding school)'입니다. 오늘날 기숙학교라고 하면 미국 사립 고등학교 중에서 학생들이 기숙사 생활을 하는 고급학교를 가리킵니다. 그러나 여기서 말하는 기숙학교는 성격이 다릅니다. 유럽에서 건너온 백인들은 인디언 원주민 아이들에게 기숙 생활을 강요했습니다. 인디언 원주민 고유의 문화와 정신을 없애고 '미국화', '백인화'하는 세뇌 교육의 장인 것입니다.

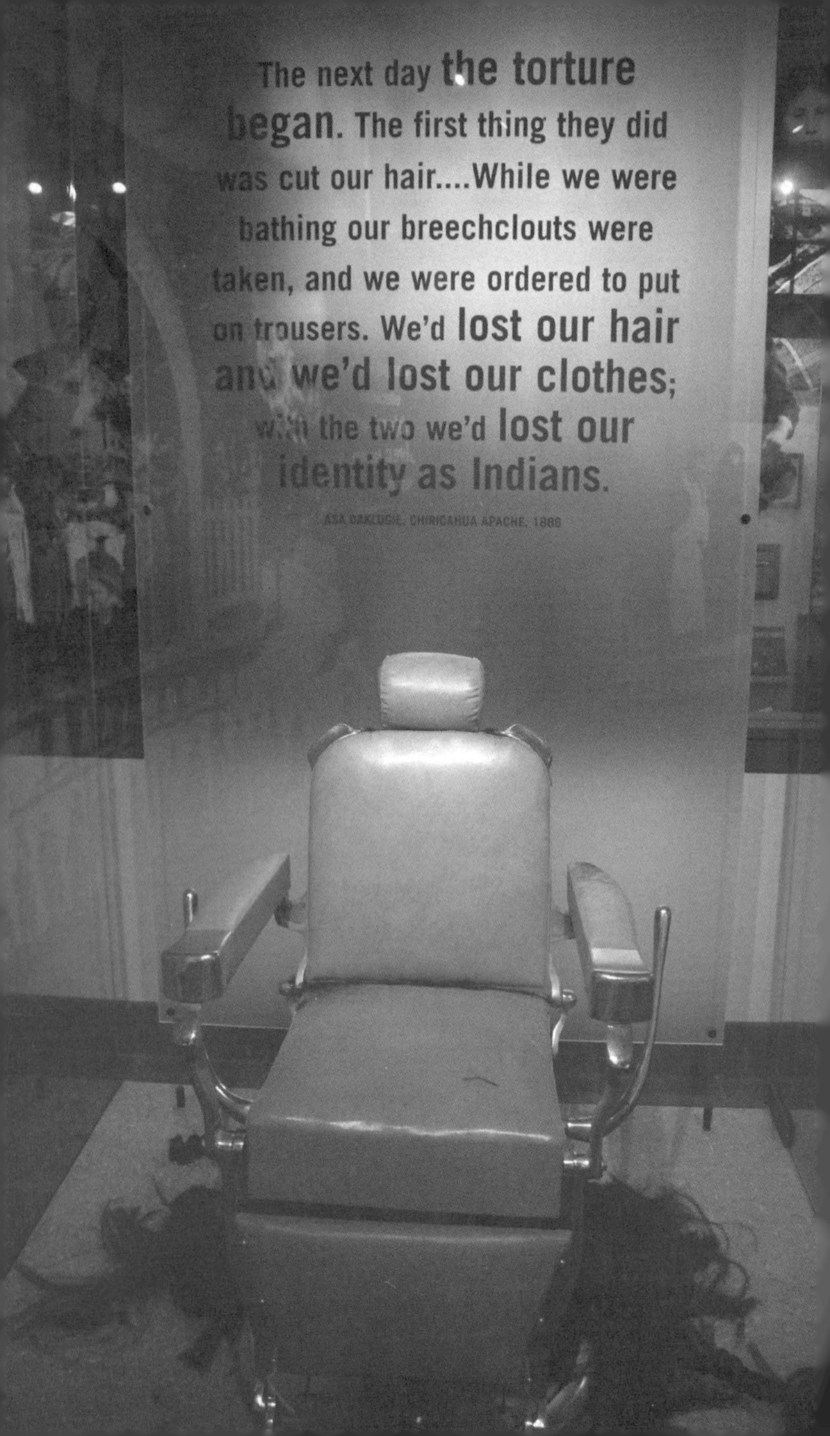

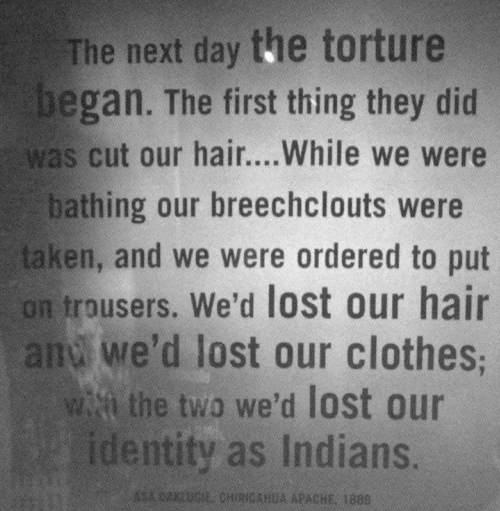

The next day **the torture began.** The first thing they did was cut our hair.... While we were bathing our breechclouts were taken, and we were ordered to put on trousers. We'd **lost our hair** and **we'd lost our clothes;** with the two we'd **lost our identity as Indians.**

ASA DAKLUGIE, CHIRICAHUA APACHE, 1886

긴 머리를 짧게 잘라 버리고, 그동안 전통적으로 입던 옷 대신 제복을 입혔습니다. 고유의 말을 못하게 하고 영어를 가르쳤습니다. 한 전시관에 세워진 유리 통 안에는 옛날 이발소에서 볼 수 있는 낡은 의자가 있고, 바닥에는 잘린 머리카락이 떨어져 있었습니다. 원주민들은 머리카락만 잘리고 옷만 벗겨진 것이 아닙니다. 그들 고유의 정체성이 발가벗겨지고 사라진 것입니다.

백인들은 미국 대륙 곳곳에 수백 개의 기숙학교를 세워서 인디언 원주민들의 정체성 말살 정책을 펼쳤습니다. 그들이 단순히 백인이기만 하던가요. 하나같이 기독교인이었습니다. 그들은 미개한 인디언 원주민을 '하나님의 나라 백성'으로 변화시킨다고 확신하면서 성경을 가르쳤을 것입니다. 그런 정신과 방식으로 전한 하나님의 말씀이 원주민들에게 아름답고 귀하게 받아들여질 리 없습니다.

우리가 알아야 할 진실은 무엇일까요. 오늘날 미국이 누리는 물질적 풍요는 어디에서 비롯된 것일까요. 지폐에 새긴 'In God we trust'이라는 문구 덕분일까요. 진짜 하나님의 축복일까요, 하나님의 이름을 빙자한 도둑질일까요.

기독교인들은 이들을, 하나님이 다스리는 나라의 백성이 아니라 백인이 지배하는 나라의 2등 국민으로 전락시켰습니다. 이들이 마치 위험한 맹수라도 되는 것처럼 보호구역이라고 이름 붙인 감옥에 가두고 그 넓은 땅을 빼앗았습니다. 그 안에서 나오지 못하게 하면서 경제적 원조를 해 주었습니다. 그 결과 많은 원주민이 자립 의지를 잃은 채 점점 게을러져서 알코올이나 마약이나 도박에 빠져 버렸습니다.

과거 선교사들은, 자기들이 저지른 죄를 철저하게 반성하기보다 미개하고 게으른 이들에게 복음을 전하는 데 초점을 맞추었습니다. 오늘날 의식 있는 선교사들은, 그들의 삶의 질이 그렇게 떨어질 수밖에 없는 원인을 통감하고, 죄스러운 마음을 가지고 있습니다. 그들의 지금 모습을 얕보면서 함부로 가르치려 들거나 바꾸어 보려는 시도를 자제합니다.

아이들은 이곳에서 무엇을 느꼈을지 궁금합니다.

네 번째 이야기

애틀랜타 조지아텍 방문
CNN, 코카콜라, 온세대 예배
흉터가 될 것인가 훈장이 될 것인가
'나에게는 꿈이 있습니다'
부부 천사를 만나다
어디를 가느냐? 누구를 만나느냐!

애틀랜타 조지아텍 방문

　앞서 쓴 글에서도 밝혔는데, 한국에서 미국으로 가는 국제선뿐만 아니라, 미국 국내선도 전부 단일 항공사로 연결해서 표를 끊었습니다. 그래야 가격이 낮아집니다. 덕분에 불편을 겪어야 했던 아이들에게 미안했습니다.

　우리가 탄 비행기는 오전 7시 40분에 LA를 출발해서 오후 4시 40분에 애틀랜타에 도착했습니다. LA와 애틀랜타의 시차는 3시간이고, 중간에 휴스턴을 경유하다 보니, 이른 아침에 출발해서 늦은 오후에 도착하게 된 셈입니다. 이 때문에 아침 식사는 햄버거로 대충 때우고 점심도 거른 채 부랴부랴 비행기를 갈아타야 했습니다.

　그렇게 애틀랜타에 도착했는데, 아틀란타새교회 목회자들이 교회 차를 가지고 공항까지 마중 나와서 우리를 반갑게 맞아 주었습니다. 이 교회에서 사역하는 젊은 목회자들 중에도 PK가 몇 명 있습니다. 그래서 이분들이 더 열렬히 환영해 준 것 같습니다.

첫날 저녁은 홈스테이하는 숙소로 흩어져서 가족과 가까워지는 시간을 가졌습니다. 담임목사님, 장로님·권사님, 강도사님, 성가대 지휘자님 댁으로 흩어져서 짐을 풀고, 푹 쉬었습니다.

둘째 날 아침부터 관광입니다. 애틀랜타의 웬만한 볼거리는 다운타운에 다 모여 있습니다. 먼저 간 곳은 미국에서도 규모가 크기로 유명한 '조지아 아쿠아리움'입니다. 온갖 해양 동식물을 구경하는 것만으로도 충분한데, 별도로 입장료를 내야 하는 돌고래 쇼까지 예약해 놓았습니다. 돌고래의 섬세한 움직임을 텔레비전을 통해서가 아니라 직접 보니까 마치 사람처럼 느껴질

정도였습니다.

시간 가는 줄 모르고 구경하다 보니까 어느새 점심 먹을 시간입니다. 아쿠아리움을 나와서 근처에 있는 햄버거 가게에 들어갔습니다. 미국에 온 지 며칠이 지났지만 그동안 영어를 쓸 일이 없었습니다. 그래서 오늘 점심은 각자 주문해 보기로 했습니다.

아이들에게 10불씩 주고 자기가 원하는 메뉴를 시켜서 먹으라 했습니다. 재미있겠다고 대답하면서도 선뜻 주문하지 못하고 메뉴만 뚫어져라 노려봅니다. 용기를 내어 처음으로 영어를 썼는데, 직원이 알아듣는 게 아닙니까. 튀긴 양파링을 주문했는데 구운 양파가 나오기는 했지만, 그 정도는 두 나라 사이의 문화 내지 식성 차이로 이해하는 게 마음 편합니다.

앞으로는 영어 사용할 기회를 늘려야겠다는 생각이 들었습니다. 다음 여행 때는 미국인들의 가족을 섭외해서, 며칠 동안 그들과 먹고 자고 쇼핑하고 대화하는 일상의 삶을 경험할 수 있도록 해 주어야겠다고 생각했습니다. 할 수만 있으면 학교까지 연결해 볼까 싶습니다. 미국 학교는 겨울방학이 거의 없기 때문에 아이들이 며칠이나마 이곳의 중고등학교를 다녀 보는 것도 좋은 경험 같습니다. 관광객이 겉만 보는 것과 생활인처럼 속살을 만져 보는 것의 차이는, 텔레비전으로 보는 돌고래 쇼와 아쿠아리움에서 직접 보는 돌고래 쇼의 그것만큼이나 클 테니까요.

점심을 먹은 다음에는 조지아공과대학교(Georgia Institute

of Technology)를 갔습니다. 이곳 사람들은 학교 이름을 줄여서 '조지아텍(Georgia Tech 또는 Ga Tech)'이라고 부르는데, 아이들은 스펠링만 보고는 '가텍'이라고 부르더군요.

이 학교는, 노벨 평화상 수상자로서, 현역 시절보다 은퇴한 다음 국민들의 존경을 더욱 많이 받고 있는 지미 카터 전 대통령의 모교입니다. 어른 세대에는 1996년 애틀랜타 올림픽 때 경기장으로 사용한 이 학교 수영장이 알려져 있습니다.

세계 공대에서 열 손가락, 미국 공대에서 다섯 손가락 안에 드는 이 학교에도 한인 학생들이 많습니다. 아틀란타새교회에 출석하면서 이 학교에서 박사 과정을 밟는 청년 중에 목사 자녀가 있습니다. 이분들이 한국에서 온 아이들을 데리고 다니면서 학교를 소개하고 전공 내용을 설명해 주었습니다. 아이들의 표정을 보니 이 학교가 맘에 안 드는가 봅니다. 딴 짓만 합니다.

CNN, 코카콜라, 온세대 예배

셋째 날에도 다운타운 안에 있는 CNN 본사와 코카콜라 체험관인 World of Coca Cola를 방문했습니다. CNN은 Cable News Network의 줄임말로, 전 세계에서 시청률이 가장 높은 뉴스 전문 방송국이라고 할 수 있습니다. 방문객은 5층부터 한 층씩 내려오면서 안내하는 사람의 설명을 듣고 뉴스 제작 과정을 눈으로 볼 수 있습니다. 유리창을 통해서 생방송 뉴스 프로그램이 진행되는 스튜디오를 보기도 하고, 자기가 진짜 앵커가 된 것처럼 뉴스 룸에 앉아서 대본을 읽으면서 방송하는 체험도 해볼 수 있습니다.

저야 언론사에서 일하니까 이곳을 몇 번 왔어도 흥미롭지만, 아이들이 별 재미를 못 느끼면 어떡하나 하고 내심 염려했습니다. 그런데 의외로 방송 진행 장면을 유심히 들여다보고 안내원의 영어 설명에도 고개를 끄덕이며 반응합니다. 관람을 다 마치고 나오는데, 그중 한 명이 저에게 물었습니다. "쌤, 그런데 이 방송국에서 방영하는 드라마 중에 뭐가 제일 유명해요?"

이날 아침 교회에서 목사님이 아이들에게 아메리카노 커피를 타 주려고 하는데 한 아이가 맥심 커피가 먹고 싶다고 합니다. 틈날 때마다 컵라면이나 삼각김밥을 찾기도 했습니다. 그럴 때마다, "야, 이 싸구려 입맛들아!" 하고 타박했습니다. CNN은 뉴스 전문 방송국이라고 설명해 주었건만 유명한 드라마가 뭐냐고 묻는 모습을 보면서, 이 싸구려 여행객들과 같이 다닐 시간들이 암담해집니다.

World of Coca Cola는 CNN에서 걸어서 갈 수 있는 가까운 거리에 있습니다. 이곳에서는 코카콜라의 역사와 제조 과정을 보고, 세계 각 나라의 제각기 전혀 다른 콜라를 맛볼 수 있습니

다. 아이들은 한국에서 팔리는 콜라가 제일 맛있다고 하는데, 저는 아예 들어가지를 않아서 그건 잘 모르겠습니다. 그 시간에 근처에 있는 식당에서 어느 목사님과 식당 주인과 대화를 나누었습니다. 그 이야기는 다음에 전하겠습니다.

금요일 저녁입니다. 아틀란타새교회는 금요일 저녁에 기도회를 합니다. 이날은 특별히 '온세대예배'라고 해서, 부모만 오지 않고 어린 자녀들도 데리고 와서 그들을 축복하는 기도를 해 주는 날입니다.

한국의 교회들과 마찬가지로 이곳에 있는 많은 한인 교회들이 고령화 현상을 겪고 있습니다. 젊은이들이 늘지 않고 신앙을 버리거나 미국인 교회를 다니고 있어서 한인 교회의 다음 세대를 염려하는 분들이 많습니다. 이 교회는 담임목사님이 1.5

세일 뿐만 아니라 젊은이들과 같이 뛰는 걸 즐깁니다. 에너지가 넘치는 분입니다. 교회에 젊은 층이 두텁고, 어린아이들이 많은 교회가 될 수밖에 없습니다.

아이들은, LA에서도 그렇고, 애틀랜타에서도 그렇고, 자기 교회에서 늘 드리는 예배와는 느낌이 좀 다르다고 합니다. 미국 사회와 교회는 아주 전통적인 곳이 아니라면 예배가 딱딱한 격식을 지키기보다는 가볍고 편한 분위기입니다. 젊은이들이 많은 한인 교회도 그렇습니다.

물론 분위기가 그렇다는 것이지 예배 자체를 가볍게 드리는 것은 아닙니다. 그것은 미국 문화의 영향도 있고, 세대의 영향도 있습니다. 확실히 아이들은 이 분위기에서 편안함을 느끼는 것 같습니다. 문화 차이 때문만은 아닐 것입니다. 자기 교회

로 가면 반주도 해야 하고, 교사도 해야 하고, 안내도 해야 합니다. 맘 편히 하나님을 찬양하기보다는 남들이 그렇게 예배할 수 있도록 온갖 봉사를 해야 합니다. 작은 교회 목회자 자녀들로서 피할 수 없는 몫입니다.

여기에서는 그런 거 전혀 신경 쓰지 않고 예배에 집중할 수 있으니 얼마나 좋은지 모릅니다. 한국으로 돌아가면 힘들어하지 않을까 하는 걱정이 들었습니다.

흉터가
될 것인가
훈장이
될 것인가

한국에 있을 때, 엄태현 실장은 '딱 두 주일 지나면 싸울 것'이라고 저에게 장담했습니다. '이제 막 초등학교 다니는 애 아버지가 세상 이치 통달한 늙은이 같은 소리를 하고 있네. 요즘 애들이 거칠다 해도 애들은 목회자 자녀들이야', 하고 반박했습니다. 겉으로 고개를 끄덕인 엄 실장은 속으로 저를 비웃었을 것입니다.

미국 온 지 일주일이 지났습니다. 아이들 사이에 불편한 기운이 흐르는 것을 느낄 수 있습니다. 사실은 일찍 느꼈지만, 어떻게 하나 그동안 두고 보았습니다. 냉기류가 온기류로 좀체 바뀌지 않습니다. 처음에는 활달하던 한 아이가 차츰 대화에서 소외되는 것이 보였습니다. 그렇다고 상태가 심각한 것은 아닙니다. 엄 실장에게 애들이 저러는 거 알고 있느냐고 물었더니, 거 보란 듯이 오만한 표정을 짓습니다.

내용은 이렇습니다. 한 아이의 성격이 무척 쾌활합니다. 처음 만나는 사람에게도 반갑게 다가가 먼저 인사하고 어른한테도 스스럼없이 팔짱을 낍니다. 이번에 처음 만난 또래에게도 친근감을 표시하다가, 그게 지나쳐서 이래라저래라 뭔가를 지시하기도 했던 것 같습니다. 몇 명이 가벼운 상처를 입었는데, 그런 것은 빨리 번지는 경향이 있습니다. 그러다가 그 아이가 무리에서 서서히 소외된 것입니다.

계속 방치하면 아이에게 고통스러운 여행이 될 것 같아서 적절한 타이밍을 노렸습니다. CNN에 있을 때 그 아이만 빼고 전부 따로 불렀습니다. 정색을 하고 야단을 쳤습니다.

"예수님 믿는 사람이 친구를 왕따시키면 되겠니? 설령 그 친구에게 잘못이 있다고 해도 똑같이 하면 되겠어? 예수님은 오히려 왕따의 친구였어. 너희가 예배 시간에는 두 손을 높이 들고 하나님을 찬양하면서, 일상에서 친구를 그렇게 대하는 건 옳지 않다는 거 잘 알지?"

아이들은 갑자기 한 방 먹은 것처럼 당황스러워했고 시무룩해졌습니다. 자기들끼리 의논할 시간을 달라고 합니다. 뭔가 심각하게 상의하더니, 다음 날 아침에 다 같이 대화하겠다고 합니다. 넷째 날 아침, 아이들은 마틴 루터 킹 기념관을 가기 전에 교회에 모여서 자기들끼리 이야기를 나누었습니다. 스태프는 관여하지 않았습니다.

며칠 지난 뒤, 워싱턴DC에 갔을 때입니다. 스미소니언박물관

(Smithsonian Museum)에서 구경하는 동안 그 아이를 따로 불렀습니다. 며칠 전 친구들과 나눈 대화가 어땠는지 물었습니다.

"처음에는 안 그랬는데, 시간이 지나면서 친구들이 저한테 말도 안 걸고 제 말에 대꾸도 안 하는 걸 느꼈어요. 왜 그러는지 이유를 몰라서 답답했어요. 혼자 몰래 울기도 했고요. 친구들이랑 다 같이 모여서 대화했잖아요? 친구들은 제가 어떤 행동을 했는지 하나하나 이야기해 주었는데, 그제야 제가 무엇을 잘못했는지 알았어요. 저는 친하다고 생각해서 그랬던 것인데, 친구들은 그렇게 느끼지 않았던 거예요. 이제라도 이유를 알아서 다행이에요. 친구들이 오해하지 않도록 앞으로는 말이나 행동에 조심해야 할 것 같아요."

아이의 대답을 듣는데, 다행스럽고 대견하면서도 마음이 아팠습니다. 뭐가 문제인지 몰라 답답한 것도 힘들겠지만, 다른 사람들이 그동안 나를 어떻게 생각했는지 알게 되는 것도 받아들이기 쉬운 일은 아닙니다. 그러나 그런 과정이 없으면 커서도 인간관계, 사회생활에 문제가 될 수 있습니다.

목사 자녀는 리더십이 내면화할 가능성이 많습니다. 리더십이 잘 관리되면 커서 아주 훌륭하게 쓰일 수 있지만, 관리가 제대로 안 되면 남들과 자신을 힘들게 만들 수도 있습니다.

이 작은 사건이 아직은 마음 여린 아이들에게 상처가 될 수 있습니다. 그래서 미안합니다. 하지만 상처가 잘 아물고 내면이 여물어지면 흉터로 남지 않고 훈장이 될 것입니다.

'나에게는 꿈이 있습니다'

　애틀랜타에 사는 한국 사람들은 '애틀랜타에는 볼거리가 없다'고 이구동성으로 말합니다. 사실이 그렇습니다. 애틀랜타 관광지를 인터넷으로 검색하면 우리가 이틀 동안 관광한 곳이 주로 나옵니다. 그럼 이제부터 어딜 가야 재미있는 여행이었다고 소문날까요?

　저는 이번이 세 번째 애틀랜타 방문길입니다. 제가 이곳을 올 때마다 들렀던 곳이고, 아이들에게도 보여 주고 싶은 곳이 있습니다. 마틴 루터 킹 목사 기념관입니다.

　이곳에는 킹 목사가 태어나서 어린 시절을 보낸 생가가 있고, 그의 아버지와 함께 목회했던 교회가 있고, 그의 묘가 있습니다. 흑인들의 인권을 되찾기 위해 투쟁했던 장면이 담긴 사진이 있고, 워싱턴 DC 링컨기념관 앞에서 했던 '나에게는 꿈이 있습니다(I Have A Dream)'라는 유명한 그의 연설을 들을 수 있으며, 함께 시위에 나섰던 사람들의 마네킹이 실물 크기로 서 있습니다.

아이들은 나름 진지한 표정으로 사진과 영상을 봅니다. 영어를 잘해서 설명을 다 알아듣고 읽을 수 있으면 좋았을 텐데, 하는 표정도 섞여 있습니다. 영어 공부는 시험지에서 정답 맞추려고 배우는 게 아니라, 이런 거 공부하는 데 도움이 되기 때문에 해야 하는 것이라는 점을 깨달았으면 좋겠습니다.

아이들은 또 이곳에서 무엇을 느꼈을까요.

미국이라는 나라가 지금에 이른 데에는 여러 인종의 처참한 희생이 디딤돌이 되었습니다. 백인들에 의해서 인디언 원주민들

이 자기 땅을 빼앗기고 보호구역이라는 감옥에 갇혔습니다. 거기서 자기 정체성을 빼앗긴 채 백인화, 미국화하고 말았습니다.

흑인들은 백인들에 의해서 고향 아프리카에서 붙잡혀 노예로 끌려왔습니다. 흑인 남자는 목화밭, 사탕수수밭에서 하루 종일 일하지만 돈을 받지는 못했습니다. 흑인 여자는 남자와 같이 농사를 지으면서 백인 주인의 집에서 가사도 돌봐야 했습니다. 성적(性的) 노리개가 되기도 했습니다. 반항하거나 도망치다가 잡히면 백인들은 죽기 직전까지 채찍질을 한 다음 나무에 매달아 죽였습니다. 백인이나 흑인이나 짐승과 다르지 않은 인생이었습니다.

마틴 루터 킹이 자라고 성인이 될 때에도 흑인들은 식당이나

버스에서 백인들과 다른 자리에 앉아야 했습니다. 수돗물, 화장실조차 백인들의 것과 흑인들의 것이 구별되었습니다. 투표권이 없는 것은 말할 것도 없습니다.

마틴 루터 킹 목사를 비롯해서 의식 있는 흑인들이 이에 저항했습니다. 그전에는 개별적으로 맞서 싸우다가 소리 없이 사라졌다면, 킹 목사는 백인들이 이전처럼 함부로 다룰 수 없도록 흑인들을 조직화했습니다. 인종차별에 반대하는 양심적인 백인들에게 호소해서 우군으로 만들었습니다.

오늘날 미국은 킹 목사의 생일(1월 15일)이 들어 있는 주의 월요일을 국경일로 지키고 있습니다. 학교와 지역 도서관과 시민 단체에서는 아이들에게 그의 정신과 실천을 가르치고 있습니다. 흑인 인권과 관련해서 미국이 가야 할 길은 아직 멉니다. 하지만 버락 오바마와 같은 흑인 대통령이 탄생하는 기적이 일어날 만큼 변화는 있습니다. 그것은 킹 목사와 같은 지도자들이 자신의 신앙을 용감하게 실천했기 때문에 가능했습니다.

 아이들이 풍요롭고 여유롭고 살기 좋은 나라 미국만 볼 것이 아니라, 얼마나 많은 사람들의 희생과 헌신을 거쳐서 오늘에 이르게 되었는지 냉정하고 공정하게 배우는 기회가 되면 좋겠습니다. 장차 내 삶을 어떤 색으로 칠하면서 살아가야 하는지 진지하게 고민하는 기회가 되면 좋겠습니다. 점점 여러 인종이 모여 사는 다문화 공동체가 되는 우리나라에서, 그들과 더불어 산다는 것의 의미를 생각하는 기회가 되면 좋겠습니다.

부부 천사를 만나다

애틀랜타에서 아이들이 World of Coca Cola에 들어가 있는 동안, 저는 비전교회에서 목회하는 정경성 목사님과 함께 점심을 먹었던 식당으로 되돌아와서 대화를 나누었습니다. 정 목사님이 이 식당 주인 내외를 소개해 주셨습니다. 이 부부는 비전교회 교인인데, 이곳에서 30년 넘게 식당을 운영했습니다.

아이들에게 점심을 대접해 주신 이 부부가 오늘 처음 만난 저에게 한 가지 부탁을 했습니다. 이 아이들 중에 한 명을 뽑아 달라는 것입니다. 제가 소개하는 아이를 미국으로 불러서 대학에서 공부시키고 싶다고 했습니다. 조금 전 점심 때 처음 만난 아이들인데 말입니다.

아이들이 한국으로 돌아가기 전에 소개해 주면 좋겠다고 요청했지만, 저는 그렇게 하겠다고 선뜻 대답하지 못했습니다. 서두르지 말고 기도하면서 신중하게 결정하자고 했습니다. 왜냐하면 저도 아직 아이들을 속속들이 모르고 있는데다가 자칫 잘못하면 공정성과 형평성의 문제가 생길 수 있는 일입니다. 선의(善意)를 행하다가 실수하면 시작하지 않는 것보다 못할 수도 있습니다. 그래서 일단 기도하면서 때를 기다리자는 말씀만 드렸습니다.

'이런 천사를 만났으면 좋겠다'는 꿈은 막연하게나마 늘 꾸고 지냈지만, 실제로 천사가 있다는 사실, 그런 분들을 제가 만난다는 생각은 하지 못했습니다. 그런데 오늘 이 자리에서 부부 천사를 만난 것입니다.

이 부부는 수년 전에 서울 동대문에 사는 어느 아이를 후원한 적이 있다고 합니다. 2년 넘게 후원해 왔는데, 몇 해가 지난 다음에 보니 처음 그 아이를 연결해 준 교회가 아이의 행방을 알지 못하고 있었습니다. 아버지는 알코올 중독인데다가 자식을 일상적으로 폭행했습니다. 교회가 제대로 챙기지 않는 바람에 아이의 소식을 전혀 알 길이 없는 이 부부는, 그 후원금이 어떻게 쓰이는지조차 제대로 알 수가 없어서 부득이 중단할 수밖에 없었습니다.

그게 늘 마음에 걸렸다고 합니다. 장사가 옛날처럼 잘 되는 것은 아니지만, 자녀들이 다 커서 제 몫을 하고 있으니, 더 어려운 아이들의 꿈을 키워주고 싶었습니다. 그런 소원을 마음속에 품고 있었는데, 오늘 우리를 만난 것입니다. 가슴이 터질 것처럼 감동적이고 감격스러운 이야기이지 않습니까?

하나님께서 이 일을 기뻐하시고 축복하신다는 느낌을 받았습니다. 그런 느낌은 한국에서 목회멘토링사역원 이사 목사님들에게 이 프로그램을 처음 소개하는 날에도 받았습니다. 그날 저의 설명을 다 들은 이사들은, 이번에 여행을 하고 오는 아이들을 각 교회가 한 명씩 맡아서 대학 마칠 때까지 책임져 주자고 하셨습니다. 돈으로 지원할 뿐만 아니라 그 아이들의 달란트를 가장 아름답게 발휘할 수 있도록 끝까지 책임지고 멘토링해 주자는 것입니다. 모두들 기쁘게 동의했습니다.

물론 이번에 여행하는 아이들 모두 그대로 지원하는 것은 아닙니다. 그중에서 엄격하게 선발하는 과정을 거쳐야 합니다. 이번에 참여한 아이들만 해당되는 것도 아닙니다. 앞으로 그런 기

회를 넓혀 나갈 것입니다. 몇 년 걸릴 줄 알았던 일이 빠르게 진행되는 걸 보면서, 하나님의 손길을 느낀 것입니다. 그때 이사들로부터 받은 감격이 오늘 이 부부를 만나면서 몇 배로 커졌습니다.

이런 천사들은 곳곳에 숨어 있을 것입니다. 정직하고, 투명하고, 깨끗하게, 아이들을 위해서 우리가 해야 할 일을 감당한다면, 수많은 천사들을 만날 것입니다. 천상의 천사는 눈에 보이지 않지만, 지상의 천사는 우리 곁에 있습니다. 이런 분들과의 만남을 기대하면서, 마음가짐을 좀 더 가다듬게 됩니다. 아이들에 대한 책임감과 이 사역의 소중함도 한층 더 크게 느껴집니다. 기분 좋은 책임감이요 부담감입니다.

어디를 가느냐? 누구를 만나느냐!

주일 오전 예배를 마친 다음에 애틀랜타새교회를 다니는 또래 아이들과 함께 스톤 마운틴(Stone Mountain)을 올랐습니다. 우리말로 '돌산'인데, 커다란 돌덩어리 하나가 넓은 평지 한복판에 산처럼 우뚝 솟아 있습니다. 높이는 250미터인데, 둘레 길이 자그마치 8킬로미터라고 하니, 이 돌덩어리를 산이라고 부르는 이유를 알 수 있습니다.

꼭대기에서 내려다보면 저 멀리 수십 킬로미터까지 평지만 보이는 드넓은 대지 중간에 어떻게 이렇게 커다란 화강암 덩어리가 떡하니 자리를 잡을 수 있었는지 신기합니다. 더 신기한 것이 있습니다. 돌산 꼭대기에 올라가면 바닥은 축구장만큼 넓고 바람은 장난이 아닙니다. 몇 그루의 나무가 강한 바람을 이겨 내면서 바위틈에 뿌리를 내리고 든든히 서 있다는 사실입니다.

전에 왔을 때는 케이블카를 타고 올라갔는데, 이번에는 등산로를 이용해서 30분 넘게 오른다고 합니다. 아이들에게는 놀이겠지만, 저에게는 노동입니다. 그래서 저는 안 가고 아이들만 올려 보냈습니다.

거듭 말하지만, 애틀랜타는 볼거리가 별로 없는 곳입니다. 그런데도 아이들은 한국에 돌아와서도 애틀랜타 이야기를 유독 많이 했습니다. 그만큼 인상 깊었나 봅니다.

스톤 마운트에서 내려온 뒤 교회에 모여서 여행 중간 소감을 나누었습니다. 아이들에게 하나라도 더 보여 주려고 애를 써 주신 분들에게 죄송한 이야기지만, 아이들은 하나같이 여행 코스보다 홈스테이를 하면서 가족들과 대화한 것이 가장 좋았다고 합니다. 이제 막 정이 들려고 하는데 벌써 헤어진다고 생각하니

아쉽고 섭섭하다고 합니다.

  그도 그럴 것이, 담임목사님을 비롯해서 젊은 목회자들이 홈스테이는 물론이고 일주일 내내 아이들과 함께 지내 주었습니다. 짧은 며칠 동안 듬뿍 받은 사랑이 아이들에게는 무척이나 소중한 경험이고 귀한 추억이 된 것 같습니다. 한국에 돌아와서도 애틀랜타에서 만난 분들과 카톡으로 소식을 주고받는 모양입니다.

  스톤 마운틴에 함께 오른 이곳 친구들에 대해서도 이야기했습니다. 아이들이 평소에 운동을 많이 해서 그런지 조금도 지치지 않고 산을 오르는 것이 부러웠다고 합니다. 한국에서는 노래방을 가도 친구가 노래 부르는 동안 자기가 부를 노래 고르느라 정신이 없는데, 여기서는 한 아이가 노래를 부르면 옆에서 화음

을 넣어서 함께 노래를 부르는 것이 인상적이었다고 합니다.

역시 여행이라는 것은 '어디를 가느냐'보다 '누구와 가느냐'가 중요하고, '무엇을 보느냐'보다 '누구를 만나느냐'가 의미 있는 모양입니다. 이런 만남이 아이들에게 당장 어떤 영향을 줄지 알 수는 없지만, 멀리 볼 때 유익을 끼칠 것은 분명합니다.

한 아이는 소감문에서 이렇게 썼습니다.

"이번 여행에서 멋진 곳도 많이 가보고 많은 것들을 알아 오기도 했지만, 저는 개인적으로 좋은 사람들을 많이 만났다는 것이 행복해요. 각자 다른 나이, 성별, 지역이지만, 그런 차이로 인한 갈등보단 다 같이 이야기하고 여행하면서 오히려 더 재미있었던 9명의 친구들, 3주 동안 말 안 듣는 저희 10명 데리고 다니느라 고생하셨던 세 분의 선생님들, 가는 곳마다 정말 친절하게 대해 주시던 많은 분들……. 헤어진 지 꽤 지났는데도 아직도 얼굴이 생생하게 기억날 정도에요. 비전 투어를 생각하면 '좋았다'는 생각만 남을 정도로 행복했어요."

아이들의 이런 반응을 들으면서, 다음 여행의 콘셉트에 대한 갈피를 잡을 수 있었습니다. 가능하면 좋은 사람을 많이 만나게 해 주어야겠습니다. 대단하고 유명한 사람이 엄청난 이야기를 들려주는 것이 아니더라도, 아이들에게 좋은 영향을 끼칠 수 있는 따뜻한 사람들을 많이 연결해 주는 여행을 만들어 주어야겠습니다.

다섯 번째 이야기

빼놓을 수 없는 여행의 별미, 쇼핑
연세 많은 PK들과 대화
PK 신드롬은 아닐까

빼놓을 수 없는 여행의 **별미**, 쇼핑

월요일 아침, 아쉬움 듬뿍 담은 작별 인사를 나눈 다음 워싱턴 DC로 날아가는 비행기에 몸을 실었습니다. 남쪽에서 북쪽으로 1시간 30분 정도 걸리는 짧은 거리지만, 시원한 가을 나라에서 차가운 겨울 나라로 타임머신을 타고 '공간 이동'을 한 느낌입니다. 날카로운 바람이 얼굴을 스쳐 지나갈 때마다 귀가 찢어지는 것처럼 고통스럽고, 바람을 타고 날아온 굵은 눈발은 얼굴 곳곳에 차갑게 달라붙습니다.

워싱턴에 오자마자 조지타운대학교 교정을 둘러본 다음, 서울의 홍대 근처 비슷하게 생긴 조지타운 거리를 누볐습니다. 고풍스러운 분위기를 연출하는 작은 상점과 유명 브랜드를 자랑하는 가게들이 어우러져서 전통과 유행을 조화롭게 드러내는 거리를 시끄럽게 떠들면서 걸었습니다. 비록 몸은 잔뜩 웅크렸지만, 수면에 살짝 얼음이 깔린 포토맥 강을 타고 불어오는 차가운 바람에 밀리지 않고 삼삼오오 강변을 따라 걷기도 했습니다.

백악관, 국회의사당, 링컨기념관 같은 유명 관광지도 빼놓을 수 없는 곳들입니다. 이밖에 포토맥 강 건너편에 있는 마운트 버논(mount vernon)도 방문했습니다. 보통 '워싱턴의 유럽 거리'라고 불리기도 하는 알렉산드리아 올드 타운에는, 물이 담긴 수십 개의 유리잔을 손바닥과 손가락으로 치면서 음악을 연주해 용돈 벌이를 하는 할아버지가 있습니다. 그런데 기대만큼 주위 반응이 신통치는 않습니다. 우리와 눈이 마주친 할아버지는 갑자기 '어버이 은혜'라는 한국 곡을 연주했고, 아이들은 미국에서 처음으로 1달러 지폐를 팁(tip)으로 건넸습니다. 조금씩 미국 문화에 적응하고 있나 봅니다.

워싱턴의 유명한 관광지인 내셔널 몰을 둘러싸고 스미소니언 재단 산하 19개의 박물관이 있습니다. 어디를 들어가든 공짜인 박물관들은 영국의 과학자 제임스 스미슨이 자신의 재산을 털어서 세운 인류 지식 창고인 셈입니다. 아이들은 이틀 동안 자연사박물관 · 역사박물관 · 국립미술관 · 항공우주박물관 등 각자 원하는 곳에 흩어져서 관람했습니다. 유대인 대학살의 역사적 아픔을 품고 있는 홀로코스트 박물관은 다 같이 들어갔습니다.

영어로 듣기와 읽기가 능숙하지 못해서 집중하지 못하는 아쉬움이 컸습니다. 다음에 올 때는 미국 인디언, 흑인, 소수 인종, 유대인의 문화와 역사를 미리 공부해서 학습 효과를 높여야겠다는 생각을 했습니다.

워싱턴에 오니 이처럼 가장 현대적인 곳, 아주 미국적인 곳, 무척 유럽적인 곳을 동시에 경험할 수 있습니다. 아이들은 '진짜 미국에 온 것 같다'고 합니다. 아니, 그럼 여태 다닌 곳은 중국이니? 일본이니?

워싱턴에서 아이들이 가장 좋아했던 곳은 어디일까요? 고풍스러운 올드 타운일까, 명문 대학일까, 유명 관광지일까, 박물관일까요. 보름 넘게 아이들의 내면에서 꾹꾹 눌러놓은 욕망이 '빵' 하고 터진 곳은 쇼핑몰이었습니다. 아이들을 쇼핑몰에 풀어놓으니 고삐 풀어준 망아지처럼 날뛰기 시작했습니다.

원래는 중간에 짐이 늘어나면 곤란하기 때문에 귀국하기 직전에 뉴욕에서 쇼핑할 생각이었습니다. 그런데 뉴욕 일정이 너무 빡빡합니다. 가족이나 친구에게 선물할 것을 쇼핑하는 것도

 여행의 큰 즐거움 중 하나입니다. 시간에 쫓기면 즐거움이 되레 스트레스가 될 수도 있습니다. 그래서 차라리 시간 여유가 있을 때 쇼핑하는 게 낫겠다 싶어서 기회를 주었습니다.

 그동안 어떻게 참았나 할 정도로 눈에 불을 켜고 매장들을 들락날락합니다. 쇼핑몰 전체를 다 집어 삼킬 것처럼 부지런히 돌아다녔습니다. 하지만 아이들의 쇼핑백에는 고작 몇 십 불짜리 옷, 신발, 모자, 가방같이 저렴한 것들로 가득했습니다. 행복해하는 아이들의 표정을 보니 저도 기분이 좋아집니다.

연세 많은 PK들과 대화

와싱톤한인교회는 워싱턴 지역에서는 감리교 최초로 세워진 교회로, 역사가 60년이 넘었습니다. 그런 까닭에 연세 많은 PK(?)들이 많습니다. 수요일 저녁에 20여 명이 교회 친교실에 둘러앉아서 저녁을 먹으면서 대화했습니다.

이분들은 아이들이 미국에 들어오기 전부터 이들의 자기소개서를 미리 읽고 기도하며 맞이할 준비를 해 놓았습니다. 그래서 한 명 한 명 자기 이름을 부를 때마다 "아, 네가 OOO에서 온 OO로구나" 하고 친근감을 보였고, 아이들은 자기에 대해 잘 알고 있는 것에 내심 놀랐습니다.

풍성한 식사를 즐긴 후에, 이번 여행의 콘셉트이기도 하고 오늘 대화의 주제이기도 한 'PK의 아픔과 꿈' 이야기를 나누었습니다. 아이들이 쑥스러워 해서 어른들이 먼저 각자 경험을 꺼내셨습니다.

시아버지가 목회자였던 권사님이 말문을 열었습니다.

"지금 남편과 결혼하려고 할 때, 신앙의 집안에 들어가니 얼마나 감사한지 모르겠다고 생각했거든? 그런데 막상 가서 보니까 가족들의 관심사가 온통 바깥으로만 향해 있는 거야. 자기 가정 돌보는 것보다 교인들 챙기는 게 우선인 게 몸에 배어 있었지. 처음에는 많이 당황했지. 시간이 흐르면서 차츰 익숙해졌고, 지금 돌이켜 보면 그게 얼마나 큰 축복인지 모르겠더라."

목사님 딸은 이렇게 말했습니다.

"우리는 대학 4학년 때 약혼했어. 지금 남편이 대학생 때 당구장을 다녔어. 대학생이 그럴 수도 있잖아? 근데 교인 한 사람이 '목사님 사위 될 사람이 당구장을 출입하면 되느냐'고 하잖아. 그분이랑 말다툼을 했어. 교인들은 목사 자녀의 일거수일투족까지 살펴보잖아. 그게 참 부담스러웠지. 그런데 그때 어머님이 걱정하지 말라고, 마음 쓰지 말라고 도닥여 주신 게 지금도 기억나."

"어릴 때 늘 잘해야 한다는 의식을 하면서 살았어. 부모님이 그런 걸 강조하지 않았는데도 저절로 그런 생각을 하면서 지냈지. '쟤, 누구야? 목사 딸이 왜 저래?' 그런 소리를 듣지 않으려고 하다 보니까 나도 모르게 나 스스로를 힘들게 하는 거야.

그 스트레스를 어디 가서 풀겠어? 스트레스가 다른 식으로 나타나는 거야. 남들 앞에서 잘난 척한다든지, 남을 이기려고 한다든지, 그런 모습으로 나타나는 거지.

그런데 제대로 회심한 다음에 그런 부분도 완전히 바뀌었어. 예수님의 사랑 때문이 아니면 억지로 하지 않아도 된다는 생각이 들더라고. 그렇게 생각하니까 마음이 얼마나 편한지 몰라. 목사 딸이라도 잘못할 수 있어, 실수할 수 있어, 미운 모습 보일 수 있어, 그런 마음을 가지니까, 왜곡되게 나타났던 것들도 서서히 사라지더군."

"내가 너희 나이일 때 우리 교회에 피아노 칠 줄 아는 사람이 나밖에 없었어. 어린이 예배, 중고등부 예배, 어른 예배, 성가대 연습, 또 어린이 오후 예배, 어른 저녁 예배. 이렇게 반주를 하고 나면 밤에 완전히 뻗는 거야. 중고등부 6년 동안 그렇게 생활했어.

교회 부흥회가 있을 때는 일주일 내내 반주했어. 시험이라도 있을 때는 부흥회 끝나고 한밤중에 공부해야 하는 거야. 그때 그 부담이 얼마나 컸겠니? 그런데 부흥강사 목사님이 우리 집에서 주무시다가 공부하는 내 머리에 손을 얹고 축복 기도를 해주시는데, 마음이 확 풀리고 힘이 나더라고. '대타(代打) 인생'이 절대 나쁜 거 아니라고 생각해. 진정한 자유는 대타에서 나온다고 믿어."

아이들은 마치 자기 이야기를 어른들이 대신 다 해주는 양 신기한 표정으로 열심히 들었습니다.

'PK 신드롬'은
아닐까

한 분의 분석이 아주 예리했습니다.

"너희가 소개서에 쓴 꿈을 보니까 공통점이 있더라. 하나같이 나보다 어려운 이웃을 도우면서 살겠다는 거야. 참 기특하고 귀하다는 생각이 들어. 우리는 너희만 할 때 그런 생각을 못한 것 같은데 말이야. 그런데 그게 혹시 'PK 신드롬'은 아닐까?"

PK 신드롬? 처음 듣는 단어에 아이들은 갸우뚱합니다.

"왜 말이지, 목사 아들딸이니까 남을 섬겨야 한다, 봉사해야 한다, 모범을 보여야 한다, 이런 강박관념이 장래 희망에 그대로 반영된 것은 아닌가 싶은 거야."

자기소개서에 쓴 희망 직업을 보면, 유치원 교사 3명, 음악과 상담이 각각 2명, 교사 1명, 간호사 1명, 작가 1명, 경제 관료

1명입니다(1명은 중복 대답). 직업을 통해서 장래 희망이나 꿈을 펼친다고 생각하면, 아이들이 원하는 직업을 통해서 장래 어떤 삶을 살고 싶은지 엿볼 수 있습니다. 한 분은, 나이도 어리고 제한된 주변 환경 탓에 롤 모델이 너무 부족해서 그런 것은 아닐까 하는 생각이 든다고 했습니다.

이제는 아이들 차례입니다.

한 아이는, 자기 꿈이 너무 많고 수시로 변하는데, 한쪽으로 가다가 나중에 그게 아닌 것을 발견하게 될까 봐 두려워서, 결국 모든 일에 주저하게 된다고 고민을 털어놓았습니다. 다른 아이는, 음악이 너무 하고 싶은데 레슨을 받을 형편이 안 된다며 눈물을 흘렸습니다. 부모님한테는 연습하는 게 힘들어서 안 한다고 했지만, 사실은 경제적으로 부담을 드리는 게 미안해서 포기한 것이라고 했습니다. 또 한 아이는, 친구들은 비싼 과외를 해서 성적이 좋은데 나는 혼자서 열심히 해도 한계가 있다며 한숨을 쉬었습니다.

한 아이의 고백에 사람들이 화들짝 놀랐습니다. "자기소개서에도 꿈이 유치원 교사가 되어서 다문화 가정 아이를 돌보고 싶다고 썼고, 면접 때도 그렇게 말했어요. 사실은 전부 '개뺑'이에요. 진짜 꿈은 연극을 하면서 사는 것인데, 엄마가 너무 심하게 반대해서 여태 마음속에만 품고 지냈어요. 그건 엄마가 바라는 것이지 내가 정말로 원하는 것은 아니에요. 그런데 이번에 여행을 다니면서 여러 사람 이야기를 들으면서, 이제는 커밍아웃을 해야 한다는 생각이 들었어요."

어른들은 저마다 인생과 신앙 경험을 바탕으로 아이들에게 한마디씩 나누어 주었습니다.

한 분은 "인생이 생각만큼 짧지 않단다. 지금 여러분에게는 하고 싶은 것을 마음껏 할 수 있는 권리가 있어. 스스로 꿈을 제한하지 말고, 할 수 있는 것은 무엇이든지 해 보면 좋겠네" 하고 격려했습니다.

또 한 분은 "부모님은 사랑으로 말씀하시는 것이지만 그게 자녀들을 힘들게 할 수도 있어. 그때는 몰랐는데 나중에 돌이켜 보니까 그렇더라고. 훗날 부모님이 알게 되면 미안하게 생각하고 사과하실 거야. 그리고 여러분 인생은 하나님이 다 책임지시

니까, 마음 서두르지 말고 무엇이든지 열심히 해 보면 좋겠어" 하고 응원했습니다.

남자 권사님은 이렇게 격려하셨습니다.

"우리는 여러분만 할 때 꿈 같은 건 없었거든. 그런데 꿈이 참 구체적이어서 좋아. 하지만 지금 꿈만 고집하지 말고 가능성을 더 열어 놓으면 좋겠어. 하나 더 얘기하자면, 남을 섬기는 꿈도 좋지만 무엇을 하면 정말 행복한지 나 자신을 먼저 생각해 보면 좋겠어. 내가 고생해서 남을 행복하게 할 수도 있지만, 나의 행복을 남에게 나눠줄 수도 있으니까 말이야."

긴 이야기를 마치고 나니 성당에서 고해성사라도 한 것처럼 마음이 후련해진 듯한 표정입니다. 어른들은 아이들을 위해서 기도해 주었고, 부모님이 자녀에게 하듯이 한 사람 한 사람 포옹해 주었습니다.

여섯 번째 이야기

눈밭을 뛰노는 강아지처럼
필라델피아와 볼티모어 빈민가
이제는 돌아가야 할 시간

눈밭을
뛰노는
강아지처럼

'가는 날이 장날'이라는 속담이 있습니다. 워싱턴 DC에서 뉴욕으로 올라가는 2월 1일 토요일은 미국 미식축구인 슈퍼볼 결승전이 열리는 전날입니다.

슈퍼볼 결승전이 있는 날에는 인근 가게의 치킨과 맥주가 완전히 동이 나고, 텔레비전 시청률이 최고로 올라가며, 만약 선거가 겹칠 경우 선거를 뒤로 미룬다고 합니다. 그 정도로 미국 사람들은 슈퍼볼 결승전에 열광합니다. 2002년에 월드컵 경기가 열렸을 때 한국 사람들이 거리로 쏟아져 나왔던 분위기를 연상하면 됩니다.

올해는 뉴욕 바로 옆 동네인 뉴저지에서 결승전이 열립니다. 보통은 날씨가 따뜻한 남쪽 지역에서 열리는데, 올해는 시험 삼아서 북쪽 지역에서 연다고 합니다. 결승전이 열리는 지역이 남쪽이든 북쪽이든 우리 같은 관광객에게는 아무 상관이 없습니다.

그런데 우리가 뉴욕에 올라간 그날, 뉴저지뿐 아니라 뉴욕도 사람이 미어터질 지경이 되었습니다. 맨해튼에는 동부 지역에 사는 미국 사람들이 다 쏟아져 나온 것 같습니다. 흔해 빠진 표현이지만, 정말로 그 넓은 거리에 발 디딜 틈을 찾기가 쉽지 않습니다.

'미드'(미국 드라마)에서 자주 보아서 눈에 익은 타임스퀘어 거리에서는, 화려한 광고판도 제대로 볼 수 없고, 오직 덩치 큰 앞사람의 등만 보고 걸어야 할 지경입니다. 그래도 걸을 수 있을 만큼 걸었습니다. 맨해튼은 발바닥으로 느껴야 하는 곳입니다. 뉴욕 시립도서관, 그라운드제로(9·11 사건 복구 현장), 월스트

리트를 둘러보면서 뉴욕의 주말을 맛보았습니다.

주일 오전에는 뉴욕장로교회에서 예배를 드리고, 오후에는 삼삼오오 흩어져서 교회 체육관에서 농구를 하거나 찬양 공연을 관람했습니다. 저녁에는 이 교회 청년들과 함께 닭다리를 뜯으면서 텔레비전으로 슈퍼볼을 관람했습니다. 어느 곳으로도 이동하지 않고 편하게 보낸 하루였습니다.

월요일 아침에 맨해튼에 있는 메트로폴리탄박물관을 갔습니다. 세계 몇 손가락 안에 드는 거대한 박물관에서, 미술 시간에나 간접적으로 보았던 명화들을 직접 보았습니다. 저는 워싱턴에서도 그랬고, 여기서도 그랬고, 고흐의 작품에만 집중했습니다. 고흐는 보면 볼수록 색감과 질감이 주는 매력에 사로잡히게 됩니다.

청소년들이 단체로 와서 안내하는 분의 설명을 들으면서 작품을 감상하는 장면이 여러 곳에서 눈에 띄었습니다. 그냥 대충 보면서 여기저기 둘러보는 우리 아이들이 좀 안됐고 미안한 마음이 들었습니다. 다음에는 제대로 준비해야겠다는 생각만 듭니다.

　다리에서 서서히 힘이 풀리는 것과 동시에 바깥에서는 눈발이 서서히 굵고 빨라지고 있습니다. 점심을 먹고 센트럴파크에 가려고 할 때는 발이 푹푹 빠질 정도로 눈이 쌓였습니다. 눈으로 하얗게 덮인 센트럴파크는 사계절의 아름다움을 담은 기념 엽서에서나 볼 수 있는 장관입니다.

　아이들은 눈싸움도 하고, 영화 촬영이라도 하는 듯 아예 드러눕기도 하고, 설원을 배경으로 사진도 많이 찍었습니다. 눈 때문에 앞이 잘 안 보이지만, 아이들은 팔짱을 끼었다가 밀쳐냈다가 눈싸움을 했다가 뛰었다가, 앞서거니 뒤서거니 함께 다녔습니다. 자연보다 더 아름다운 아이들의 모습입니다.

　젖은 몸으로 뉴저지에 있는 장로님 댁에 갔습니다. 가는 곳마다 푸짐한 음식 대접을 받았지만 오늘따라 유난합니다. 장로님 내외는 아이들을 극진히 대접하더니 100불씩 용돈을 주시는 게 아닙니까. 그런데 용돈을 딱 10인분만 준비하신 모양입니다. 우리 몫은 없습니다, 쩝. 아이들은 며칠 전 워싱턴에서도 설날 세배를 하고 용돈을 받았으니, 쓴 것보다 번 것이 더 많겠습니다. 좋겠다.

필라델피아와
볼티모어
빈민가

　워싱턴이나 뉴욕이나, 동부 지역에는 볼거리가 많습니다. 볼거리를 다 즐기려면 한 달을 지낸다 해도 시간이 모자랍니다. 일정이 빠듯하지만, 꼭 보여 주고 싶은 곳이 있습니다.

　화요일 아침에 눈길을 뚫고 필라델피아로 내려갔습니다. 독립기념관과 '자유의 종'을 구경했습니다. 저녁에는 '8번가 교회(8th Street Community Church)'를 방문했습니다. 널따란 빈민 지역이지만 그중에서 8th street은 이 교회가 책임지겠다는 의미입니다.

　이 교회 담임목사님의 한국 이름은 김형일이고, 미국 이름은 앤디 김(Andy Kim)입니다. 아버지는 한국의 여러 신학대학에서 교수를 하다가 은퇴하셨으니, 앤디 김 목사님도 PK입니다. 어릴 때부터 독일과 미국에서 사는 바람에 한국말이 무척 서툽니다. 미국에서 신학을 공부하고 목사가 된 다음 아내와 세 어린 자녀를 데리고 이곳에 들어와 7년 넘게 살고 있습니다.

이 지역에는 흑인보다 남아메리카 대륙에서 올라온 히스패닉이 많습니다. 이들도 흑인만큼 가난하고 배우지 못했고 범죄 비율이 높습니다. 김 목사님 가족은 이곳에서 어린이들 공부에 힘을 쏟고 있습니다. 남편은 아이 교육, 신학교에서 상담학을 전공한 아내는 부모 상담을 맡고 있습니다. 나중에는 제대로 된 학교를 세우고 싶어 합니다.

험한 곳에서 사역하는 선교사들도 자기 자녀만큼은 안전하고 교육 수준이 높은 곳에서 공부시키려 합니다. 인지상정입니다. 부모가 선교사이지, 자녀도 선교사는 아니니까요. 그걸 뭐라고 할 일은 아닙니다. 그런데 이 가족은 어린 세 자녀를 비롯해서 다섯 식구가 이곳 사람들과 함께 먹고 마시고 울고 웃습니다.

워싱턴에 있을 때에도 이런 동네를 방문했습니다. 워싱턴에서 북동쪽으로 차로 한 시간 가면 볼티모어가 나옵니다. 흑인 빈민 지역이 있는데, 그곳에서 '볼티모어 도시 선교 센터(Baltimore inner-city mission)'라는 단체를 만들어서 사역하는 김봉수 목사님이 있습니다. 김 목사님은 6년째 조용히, 자그마하게, 꾸준히, 이 사역을 감당하고 있습니다.

미국의 대도시들은 화려한 다운타운을 중심으로 주변에 어두운 슬럼가를 이루는 구조를 공통적으로 가지고 있습니다. 필라델피아뿐만 아니라 볼티모어도, 빌딩숲이 우거진 다운타운 바로 옆에 극심한 가난과 알코올 내지 마약 중독과 사람들의 무관심으로 합성된 슬럼가가 조성되어 있습니다.

 많은 흑인들이 알코올이나 마약에 중독되어 있고, 극빈자에게 지원되는 정부 보조금에 의존해서 연명합니다. 아이들을 낳기는 하지만, 아이들의 미래에 대한 기대가 없기에 대부분 방치 상태에 놓여 있습니다.

 걸어서는 함부로 다닐 수 없기에, 차를 타고 동네를 돌았습니다. 한겨울이라 인적이 드뭅니다. 어쩌다가 눈에 띄는 사람은 다 찢어져서 바람을 제대로 막기 어려운 누더기를 걸치고 추운 거리를 어슬렁거리는 노숙자입니다. 한 집 건너 빈 집이 있을 정도로 황량합니다. 빈 집의 현관문과 창문을 나무판자로 막아서 외부 사람의 출입을 차단합니다. 이곳에 들어가서 마약을 흡입하거나 성 범죄를 저지르지 못하도록 하는 것입니다.

그동안 좋은 것만 보고 좋은 사람만 만났던 아이들은 이런 동네에 와서 혼란에 빠졌습니다. 경제적으로 풍요로운 나라인데, 한국에서도 쉽게 보기 어려운 광경을 보았습니다. 전쟁 상황이 아닌데도 한 동네가 온통 폐허라는 사실이 당혹스러웠던 것 같습니다.

 이러한 빈민가에서 살면서 부모로부터 방치된 아이들을 돌보고 교육하고 꿈을 심어주는 사역을 하는 분이 다름 아니라 한국 목사님들이라니, 아이들은 감동과 도전을 받은 것 같습니다. 한 아이는 "내 꿈이기도 한, '사람을 살리는 일'에 대해서 조금 더 구체적으로 다가갈 수 있어서 더 깊이 기억에 남는 만남이었다"고 회상했습니다.

이제는 **돌아가야** 할 시간

저녁에 '8번가 교회'를 방문하고 나니 밤이 깊어졌습니다. 몸은 피곤한데 뭔가 아쉽고 허전합니다. 이틀 후 아침에는 한국으로 돌아가는 비행기를 타야 하기 때문일 것입니다. 남은 시간을 아껴서 여행을 즐겨야 합니다. 우리는 추위를 뚫고 '록키 스텝스(Rocky Steps)'라고 불리는 필라델피아박물관을 갔습니다.

"얘들아, 여기가 바로 록키가 권투 연습을 하는 장면을 찍은 곳이야. 록키가 빠른 발로 계단을 오른 다음 꼭대기에서 두 손을 높이 들잖아" 하고 설명했습니다. 아이들의 대답, "록키가 누구에요?" 하긴 영화배우 실베스터 스탤론도 모르겠는데, 록키를 알 리가 없습니다. 그만큼 세대 차이가 많은 걸 몰랐습니다. 록키가 누군지도 모르는 주제에 영화 주인공처럼 두 팔을 높이 드는 포즈를 취하고 사진을 찍습니다. 이렇게 짧고 아쉬운 필라델피아의 하루를 보냈습니다.

다음 날 아침, 뉴저지에 있는 프린스턴대학교를 둘러보고 바로 옆에 있는 프린스턴신학교도 방문했습니다. 이 학교 재단이사이기도 한 김진수 장로님이 안내해 주셨고, 크레이그 반스(M. Craig Barnes) 총장님이 자기 방으로 우리를 초대했습니다.

총장님도 목사 아들입니다. 총장님은 아이들을 격려한 다음 학교 기념 책갈피와 초콜릿을 선물하고 한 사람 한 사람과 사진도 찍었습니다. 이 학교 대외 섭외도 맡고 있는 부총장님은 학교 곳곳을 돌아다니면서 자세한 설명을 해 주었고, 최근에 신축한 도서관에서는 연세 지긋한 사서 할아버지가 층층이 다니면서 친절하게 안내해 주었습니다.

미국에서 마지막 밤을 보낼 김진수 장로님 댁에 도착했습니다. 김진수 장로님은 작년에 처음 만나서 교제하기 시작했는

데, 선교와 교육에 남다른 열정을 갖고 있습니다. 본인이 세운 회사를 정리한 다음, 캐나다에 있는 인디언 원주민들의 신앙과 경제 자립을 위해 '비즈니스 선교(Business as Mission)'에 매진하십니다. 긱섬(Gitx Mushroom Inc.)이라는 회사를 설립해서 원주민들이 고사리와 송이버섯을 캐 오면 그것을 가공해서 판매, 그들 스스로 자립하도록 돕습니다. 또 'Grace Charity Foundation'이라는 단체를 만들어서 기부 활동을 활발히 하시는 분입니다. 이번 여행을 위해서도 넉넉히 후원해 주셨습니다.

사모님이 정성껏 준비한 풍성한 저녁을 먹고 남자 아이들은 지하실에서 탁구와 당구를 칩니다. 여자 아이들은 짐을 싸거나 엄마 아빠랑 통화하면서 뭐가 그리 서러운지 또 눈물을 줄줄 흘립니다.

무슨 일이든지 그렇지만, 최후의 순간은 늘 시원하면서도 섭섭한 법입니다. 아이들은 마지막 밤을 조금이라도 늦춰 보려고 잠을 안 자고 시끄럽게 떠듭니다. 저는 '이 밤만 넘기자, 이 밤만 넘기자', 이렇게 주문을 외우면서 깊은 잠에 빠졌습니다.

그러면 그렇지. 누가 아침밥에 수면제라도 탄 것일까요. 공항 가는 차에 오르자마자 아이들은 또 시체가 되었습니다. 이제 두세 시간 후면 헤어지는데, 이별의 아쉬움은 온데간데없고 고개를 꺾은 채 깊은 잠에 빠져 있습니다.

저는 아이들을 보낸 다음 멕시코로 갑니다. 공항에서 이별해야 합니다. 귀찮은 녀석들이지만, 마지막이니까 한 명 한 명 포옹하면서 이별의 시원섭섭함을 달래야겠다고 생각했습니다.

눈이 많이 온데다가 출근 시간이라 차가 거북이 걸음입니다. 비행기 탈 시간이 빠듯합니다. 공항에 도착하자마자 "얘들아, 빨리, 빨리, 빨리" 재촉했습니다. 아이들은 정신이 몽롱한 상태에서 출국 심사대 안으로 들어갑니다. 저는 머릿속으로 계획한 대로 아이들을 안아주지 못하고 손만 흔들어 주면서 집으로 돌려보냈습니다. 이제 드디어 해방입니다.

일곱 번째 이야기

아쉬움 투성이, 감사 덩어리
아이들의 작은 변화
부모가 변할 차례
비전 투어는 꿈꾸는 여행
목회자들도 꿈을 꾸자

아쉬움 투성이,
감사 덩어리

 미국에 들어올 때는 짐을 잃어버리는 작은 사고가 있었는데, 한국으로 돌아갈 때는 별 문제 없이 무사히 도착했다는 연락을 받았습니다. 하지만 끝까지 방심할 수는 없습니다. 비행기가 늦은 저녁에 인천공항에 도착했는데, 부모님과 만나는 것을 확인하기 전까지는 안심하면 안 됩니다.

 특히 먼 남쪽 지역에서 온 아이들과 사역과 생계 때문에 공항까지 나오기 어려운 부모님이 있었기에, 중간에 안전하게 인계해 줄 사람을 확보하는 것도 복잡한 일입니다. 스태프들은 끝까지 긴장의 끈을 풀지 않았고, 아이들은 부모님 품으로 무사히 돌아갔습니다.

 이 글을 쓰는 시간, 제주도로 수학여행을 가다가 아이와 부모가 바다 한가운데에서 생이별을 하는 비극적인 사건 때문에 온

나라가 깊은 슬픔에 빠져 있습니다. 아이들이 즐겁게 여행하는 것도 좋지만, 아프거나 다치거나 슬퍼하지 않고 부모님 품에 무사히 안기는 것이 얼마나 감사한 일인지 새삼 절감합니다. 아무튼 여행은 그렇게 끝났습니다.

이번 여행이 아이와 부모에게 어떤 의미가 있었을까. 원래 취지와 의도대로 잘 진행되었던가. 세세한 부분들을 돌이켜 보면, 여러 면에서 아쉬운 여행이었습니다.

지역마다 이름 있는 관광지뿐만 아니라 의미 있는 곳을 보여 주려고 했습니다. 애리조나에서는 인디언 원주민들의 현실을 보고, 애틀랜타에서는 마틴 루터 킹 목사의 치열한 인종차별 철폐 운동의 기록을 보고, 워싱턴과 필라델피아에서는 흑인과 히스패닉 빈민들을 섬기는 분들의 모습을 보여 주고 싶었습니다.

사전 예습이 없었던 탓인지 우리의 기대에 비해 아이들의 관심이 그리 높지 않았습니다.

LA의 UCLA, 애틀랜타의 조지아공대, 워싱턴의 조지타운대, 뉴저지의 프린스턴대에서도 크게 다르지 않았습니다. 이런 학교에서 공부하고 싶은 욕심이 레이저 광선처럼 눈에서 뿜어내기를 기대했는데, 반응은 별로였습니다. 박물관에서도 마찬가지였습니다. 공부에 흥미가 없는 애들만 뽑은 건가? 나름 학교 성적도 반영했는데, 왜 이러지?

하지만 한국에서 아이들이 쓴 소감문을 읽어 보면, 그동안 다녔던 곳을 의미 있게 기억하고 소중하게 간직하고 있었습니다. 콩나물에 물 부으면 물이 밑으로 다 빠져 나가는 것처럼 보이지만 하루 지나고 나면 콩나물이 자라 있듯이, 아이들이 그때 본 것들이 다 영양분이 될 것이라 믿습니다.

왜 영어를 열심히 공부해야 하는지 이유를 이번에 절감했을 것입니다. 영어는 시험문제의 정답 맞추어서 성적 올리기 위해서 필요한 것이 아니라, 나와 다른 언어를 쓰는 사람과 대화하고 그 문화를 이해해서 우리 삶을 더 풍성하게 만들기 위해서 필요하다는, 진짜 목적을 가지고 열심히 공부하기를 바랍니다.

아이들은 여러 지역에서 다녔던 곳보다 그곳에 만난 사람과 나눈 대화에서 더 큰 도전과 자극을 받은 것 같습니다. 같은 또래이든 언니나 형이든, 자연스러운 대화 속에서 자기 나름대로 걸러서 잘 소화했습니다. 특히 어른 PK들도 우리와 똑같은 경험이 있다는 것을 알았고, 나 혼자만의 고민거리가 아니라는 것을 알았고, 성숙하기 위해서 거쳐야 하는 성장통이라는 것을 알았습니다.

아이들은 무엇보다 자기 또래의 중고등학생, 목사 자녀들과 함께 한 여행이라는 점에 큰 의미를 둡니다. 자기들끼리 통하는 이야기와 정서를 숨기지 않고 나누었습니다. 아빠와 엄마에게, 학교와 교회 친구에게 터놓지 못했던 이야기들을 다 쏟아낸 것 같습니다. 자기들만의 소중한 패거리가 생긴 것, 이것이 아이들에게 가장 큰 선물로 남은 것 같습니다.

하나하나 생각해 보면 아쉬움투성이입니다. 하지만 전체를 놓고 보면 감사덩어리입니다.

아이들의
작은 변화

여행 이후의 변화. 불과 몇 달 만에 눈에 뜨이는 변화가 무슨 큰 의미가 있겠습니까. 이번 여행의 효과는 아이들의 길고 긴 인생 여정 가운데서 어느 순간 갑자기, 또는 눈에 보이지 않게 조용히 발휘될 것입니다.

그래도 아이들에게는 작은 변화들이 있었습니다. 한 아이는 상담 교사, 유치원 교사가 자기 꿈이라고 여러 번 이야기했습니다. 지원서에도 그렇게 썼고, 처음 만나서 면접할 때도 그렇게 말했습니다. 미국에서도 기회가 있을 때마다 똑같이 이야기했습니다. 그런데 워싱턴에서, 자기의 진짜 꿈은 연극을 하는 거라고 양심선언을 했습니다.

왜 지금까지 자기 속내를 감추고 엉뚱한 이야기를 했을까요. 그리고 왜 처음 만나는 어른들 앞에서 양심선언을 했을까요.

이 아이는 어렸을 때 친구를 따라서 오디션 프로그램에 간 적이 몇 번 있습니다. 옆에서 보니까 자기가 더 잘할 것 같았습니다. 연극을 하고 싶다고 엄마한테 말했다가 크게 꾸중을 들었습니다. 그때부터 연극에 대한 꿈을 마음속에만 담고 있었을 뿐 입 밖으로 꺼내지 않았습니다.

마음 깊은 곳에 감추어 두었던 꿈을 여행 막바지에 끄집어낸 이유는 무엇일까요. 무슨 변화가 일어난 것일까요. 이유를 묻지는 않았습니다. 그냥 그렇게 한 번 이야기하는 것으로 답답함이 풀어지면 다행이라고 생각했습니다. 그런데 여기서 멈추지 않았습니다. 집에 가서 엄마에게 자기 꿈을 솔직하게 이야기한 것입니다.

여행을 마치고 집에 돌아온 아이가, 자기 진짜 꿈은 연극을 하는 것이라고 폭탄선언을 하자 엄마는 당황했습니다. 옛날에 한 번 야단맞고는 그걸로 끝난 줄 알았지 여태까지 마음에 담아 두고 있으리라고는 짐작조차 못했습니다.

엄마는 지금도 딸의 꿈이 썩 내키지 않습니다. 하지만 아이가 그것을 마음속에만 감춰 두지 않고 엄마에게 솔직하게 고백했다는 사실이 감사합니다. 자기 생각을 기꺼이 주장할 수 있을 정도로 용감해진 것도 기쁩니다.

이 아이만 그런 것이 아닙니다. 전주에서 어린 시절을 보내면서 좋은 친구들을 많이 사귀었는데, 아빠를 따라서 아무런 연고

도 없는 포항으로 이사한 아이는 늘 불만이었습니다. 친구들과 비교해 보면, 엄마 아빠는 좋은 분이고 우리 집은 화목한 가정이지만, 목회지를 옮기면서 친구를 잃은 것에 대한 원망 때문에 아빠가 목사라는 사실이 싫었습니다.

포항에 가서도 큰 교회 부목사로 있다가 작은 교회 담임으로 가게 되면서 또 교회 친구들과 헤어져야 했습니다. 친구들이 있는 큰 교회로 가고 싶지만 그것을 내켜 하지 않는 아빠 때문에 할 수 없이 아빠가 목회하는 교회를 다녀야 했습니다. 면접 때도, 미국 여행 때도 그 이야기를 몇 번이나 했고, 그럴 때마다 눈물을 보였습니다.

아빠가 아이의 일기장에서 그런 불만을 품고 지낸다는 사실을

알았습니다. 처음에는, '힘든 건 알지만 아빠의 목회를 도와주기 위해서 그런 것은 참아야 하지 않느냐'고 나무랐습니다. 하지만 아이가 미국 여행을 하는 동안 아빠의 고민은 깊어졌습니다.

아빠는 아이가 집에 돌아오기를 기다렸다가 두 가지를 약속했습니다. 하나는 공부에 대한 스트레스를 주지 않겠다는 것이고, 다른 하나는 친구가 있는 교회를 다녀도 좋다는 것입니다. 며칠 후 아이가 아빠에게 대답했습니다. 엄마 아빠가 더 이상 신경 쓰지 않도록 자기가 알아서 열심히 공부하겠다고, 그리고 그냥 아빠가 목회하는 교회를 다니겠다고 했습니다.

나만 마음고생을 하는 줄 알고 억울하게 생각했는데, 다른 PK 친구들이 사는 이야기를 들어 보니까 자기보다 더 열악한 조건에서 지내는 경우가 많았습니다. 나는 오히려 감사할 일이 많은 것입니다. 생각이 정리가 되니까 억지로가 아니라 기꺼이 아빠를 돕기로 한 것입니다.

부모가 변할 차례

 아이들이 미국에서 자기들끼리 모의해서 폭탄 제조 기술을 익혀서 돌아왔는지, 저마다 자기 스타일대로 폭탄을 하나씩 투하해 부모들을 놀랩니다.

 대중교통을 이용해서 대전 시내를 벗어난 경험이 없는 아이는 혼자서 광주까지 다녀왔습니다. 이번 여행에서 사귄 동생을 만나고 온 것입니다. 고등학생이지만 시내를 벗어날 때에는 늘 아빠가 운전하는 차를 타고 다녔습니다. 이 아이가 혼자서 어디를 간다는 것은 상상할 수 없는 일이었습니다. 아이가 외국 물을 먹더니 겁이 없어진 것 같다며, 아빠는 흥분을 감추지 않았습니다.

 평소 한 번도 그런 이야기를 안 했던 얌전한 아이가 집에 와서는 다른 교회를 다니고 싶다는 폭탄을 날렸습니다. 아빠는 그런 도발을 성장하는 한 모습으로 받아들이고, 한마디 날렸다고 합니다. "그래 가고 싶은 데로 가 봐라."

자녀들 이야기는 결국 부모 이야기로 이어집니다. 아이들은 집에 돌아오자마자 문제를 일으켰습니다. 가장 큰 문제는 SNS였습니다. 심지어는 평소에 카톡 같은 것을 전혀 안 하던 아이가 밤낮을 안 가리고 여기에 푹 빠져 버렸습니다. 새로 사귄 친구들과 문자로 수다를 떠는 것입니다.

밤에는 카톡 호수에 빠져서 아이들과 소식을 나누고, 낮에는 잠의 늪에 빠져서 허우적거립니다. 의지적으로 시차에 적응하려고 노력해야 하는데, 안 졸리면 카톡을 하고 졸리면 잠만 자니, 부모 입장에서는 복장이 터질 노릇입니다. 대부분의 부모님이 참다 참다 "그럴 거면 대체 미국을 왜 간 거야?" 고래고래 소리를 질렀다고 합니다.

미국 여행 3주 했다고 아이들이 철모르쟁이에서 성인(聖人)으로 둔갑이라도 하겠습니까. 게다가 집에 돌아오자마자 변화를 기대하는 것 자체가 부모들이 더 큰 문제라는 사실을 보여 주는 것은 아닐까요.

길어 봐야 열흘, 더 길어 봐야 보름이었습니다. 시간이 지나면서 아이들은 서서히 제자리로 돌아왔습니다. 제자리로 그저 돌아오는 것이 아니라 그만큼 성숙해지고 있었습니다.

부모님의 이야기를 들어 보았습니다.

집에서 여러 형제 중 막내였던 한 아이는 비전 투어 팀에서는 예비 고3 맏이가 되었습니다. 언제나 막내로 지내다가 막상 맏이가 되는 경험을 하고 집에 돌아오니까, 스스로 생각하는 것보다 자신이 더 큰 존재가 된 것 같습니다. 언니라는 자각이 들었습니다. 어느 순간 카톡을 끊고 공부에 몰입하기 시작했다고 합니다.

한 아이는, 전에는 도살장에 끌려온 소처럼 우거지상을 쓰고 교회 피아노 앞에 앉아서 반주했는데, 이제는 웃으면서 피아노를 치고 거기에 맞춰 스스로 찬양하는 모습을 보고 아빠가 깜짝 놀랐다고 합니다. 여행을 하면 좋은 사람들을 많이 만날 수 있다는 생각에 아르바이트를 하면서 여행 경비를 모으는 아이도 있습니다.

아이들의 내면에 어떤 변화가 있는 것인지 겉모습만 보고 판단하기는 조금 이릅니다. 어떤 아이는 금세 변화를 보일 수도 있고, 어떤 아이는 몇 년이 지난 다음 변할 수도 있습니다. 또 어떤 아이에게는 아무런 변화가 없을 수도 있습니다.

처음에는 현실에 적응이 안 되어서 잠시 비틀거렸지만, 공부하는 이유를 스스로 발견하고, 자기 목소리를 분명하게 내고, 용감하게 한걸음 내딛는 아이들을 보면서, 부모님들은 놀라기도 하고 감사하기도 합니다.

아이와 헤어진 3주 동안 부모님도 생각이 깊어졌습니다. 아이들의 변화를 기대했지만, 사실은 아이들을 대하는 내 마음과 기대와 태도가 달라져야 한다는 것을 깨닫게 됩니다. 그렇습니다. 아이의 문제는 곧 부모의 문제입니다. 그것이 헝클어진 실타래를 푸는 첫 실마리입니다.

이번 여행을 기획하면서 몇 가지 바람이 있었습니다.

첫째는, 목사 자녀들만이 가지고 있는 아픔과 상처가 조금이라도 씻기기를 바랐습니다. 이 땅의 모든 청소년들에게는 저마다의 아픔과 슬픔이 있습니다. 그건 같은 또래의 제 두 딸도 마찬가지일 것입니다. 하지만 제가 PK이기 때문에, 제가 감당할 수 있는 대상과 프로그램으로 범위를 한정했습니다.

아이들은 미국이라는 나라를 간다는 설렘도 있었지만, 같은 또래의 PK들끼리 간다는 데 기대도 컸습니다. 더군다나 다들 작은 교회를 다니고 있으니 공통분모가 얼마나 많겠습니까. 가기 전부터 밤을 새우면서 이야기하고, 길을 걷고 차를 타면서 수다를 떨고, 서로의 이야기에 깔깔거리면서 맞장구를 쳤습니다.

둘째는, 꿈을 키우는 계기가 되기를 바랐습니다. 미자립 교회

여건에서 아이들이 꿈의 한계를 넓히는 것은 그리 쉬운 일이 아닙니다. 무엇보다 정신적이고 정서적인 한계 안에 갇혀 있습니다. 부모로부터, 교회로부터, 기존의 모든 환경으로부터 멀리 떨어져서, 그동안 한 번도 경험해 보지 못한 새로운 세상에서 신선한 자극과 도전을 받았으면 했습니다.

왜 목회자 자녀의 상당수가 신학교로 갈까요. 어려서부터 그러한 환경에서 자랐기 때문에 '자연스럽게' 선택했다고 생각할지 모릅니다. 하지만 조금 더 깊이 생각해 보면 결코 '자연스러운' 선택이 아닙니다. 더 넓은 것, 더 다른 것, 더 새로운 것을 경험하고 나서 자기 길을 분명하게 선택하는 것이 훨씬 바람직한 일입니다.

셋째는, 고생하는 부모님들에게 위로와 격려를 드리고 싶었습니다. 한국에는 소수의 큰 교회와 절대 다수의 작은 교회가 있습니다. 작은 교회는 규모만 작을 뿐 아니라 모든 조건이 열악합니다. 우선은 목회자 생활비가 해결이 안 되고, 교인 숫자가 적으니 무엇을 하려 해도 할 수가 없습니다. 자녀 교육에 힘을 쏟을 수도 없습니다. 시간이 갈수록 지치고 무기력해지기 십상입니다. 이렇게 고생하는 목회자들에게 조금이라도 위로와 격려를 드리고 싶었습니다.

이 중에서 두 번째 이야기를 좀 더 자세히 하렵니다. 이번 미국 여행이 아이들에게 '꿈꾸는' 여행이 되기를 바랐습니다. 꿈의 범위를 좀 더 넓히기를 바랐습니다. 하지만 여행을 마치고 집에 돌아오면 현실은 그대로입니다. 이 여행이 아이들에게 도전과

자극을 줄 수 있지만, 거기서 끝나고 만다면 자칫 공허한 환상만 심어 주는 부작용도 생길 수 있습니다.

꿈을 꾸었다면, 그 다음에는 꿈을 현실로 만들기 위해서 노력해야 합니다. 노력은 아이들의 몫입니다. 자기에게 주어진 환경과 여건 가운데서도 최선의 노력을 기울여야 합니다. 아무리 좋은 꿈을 꾼다 해도 그것을 현실로 이루기 위해서 땀을 흘리지 않는다면, 그 꿈은 공상에 불과합니다.

아이들이 최선을 다해서 노력한다 해도 한계에 도달할 수 있습니다. 한동안 '자기 계발서'가 유행했는데, 그것은 철저하게 자기 스스로 노력하고, 스스로 성취하고, 그 열매를 자기만 소유하는 철학을 기본으로 깔고 있습니다. 말은 그럴 듯하지만,

스스로 노력해도 도저히 넘을 수 없는 높은 담에 대해서는 침묵합니다.

 자기 자신은 최선의 노력을 기울이고, 그래도 뛰어넘을 수 없는 벽을 만났을 때는 옆에서 도와주어야 합니다. 애틀랜타에서 만난 가게 주인 부부는 아이들을 맡아서 공부시키고 싶다고 하셨습니다. 목회멘토링사역원 이사들은 한 교회가 한 명씩 맡아서 끝까지 뒷받침해 주자고 하셨습니다. 최선의 노력을 기울이는 아이들이 자기 꿈을 이루는 데까지 도달하는 것, 이 여행의 최종 목적지입니다. 이 아이들의 꿈을 위해서 우리 어른들이 뜻도 모으고, 마음도 모으고, 힘도 모으고, 돈도 모아야 합니다.

목회자들도 꿈을 꾸자

이번에는 세 번째 이야기를 좀 더 자세히 하렵니다.

여행에서 돌아온 지 한 달이 조금 넘은 3월 중순, 부모님들이 대전에서 모였습니다. 여행 소감과 평가, 앞으로 바람 같은 것들을 나누었습니다. 아침 11시 30분에 만나서 오후 4시에 헤어질 때까지 긴 시간이 짧게 느껴질 만큼 유쾌하면서도 진지하게 대화했습니다.

아이들이 꿈을 꾸고, 꿈을 키우고, 꿈을 현실로 만들어 나가도록 하자는 데 다른 의견을 내세울 사람은 아무도 없습니다. 아이들만 꿈을 꾸면 다 되는 것일까요. 어려운 형편에 애쓰는 목회자들의 고생에 대한 보상인가요. 아이들뿐만 아니라 부모, 그분들이 목회하는 교회도 꿈을 꾸고, 건강한 교회가 되도록 하는 데까지 가야 하지 않을까요.

여행하면서 아이들을 겪어 보니까 저마다 마음속에 크고 작은 상처가 있었습니다. 부모가 목회자이기 때문에 어쩔 수 없이 생기는 상처도 있지만, 대부분은 그게 아니었습니다. 부모가 고단한 목회 현실과 경제적 어려움 가운데서 생긴 상실감, 무기력함, 분노와 짜증 같은 것이 아이들에게 나쁜 영향을 끼치고 있었습니다. 아이들이 변할 것이 아니라 부모가 변해야 해결될 문제였습니다.

한 아이는, 과거에 부모가 자기에게 상처를 준 것을 진심으로 사과한다 하더라도 그런 대화를 하고 싶지 않다고 했습니다. 그 이야기를 듣고 깜짝 놀랐습니다. 부모가 잘못을 시인한다 하더라도 대화를 거부하겠다니? 깊은 상처가 불신이라는 흉터를 남긴 것입니다. 그래도 감사한 것은, 아이가 집에 돌아가서 부모

와 대화한 모양입니다. 비록 퉁명스럽게 말을 주고받은 것 같기는 하지만, 다행히 불신의 골짜기는 메운 것으로 보였습니다.

우리끼리 가족 수련회를 열면 어떻겠느냐고 부모님들에게 제안했습니다. 부모는 부모대로, 자녀는 자녀대로, 또 부모와 자녀가 함께 서로 이해하고 격려하고 힘을 북돋워 줄 수 있는 수련회를 제안했습니다. 대환영이었습니다. 부모님들도 친구가 필요합니다. 자녀 문제로, 목회 현장 문제로 고민하지만, 진심을 내놓고 대화할 수 있는 친구를 만나기는 어렵습니다. 아이들이 단단한 친구가 되었으니, 부모들이 덩달아 친구 되기가 한결 수월해졌습니다.

저는 여기에 하나 더 보태어 주문했습니다. 우리가 해마다 진행하고 있는 '목회자 멘토링 컨퍼런스'와 '지역사회를 섬기는 시골·도시 교회 워크숍'에 꾸준히 참석하시라고 권했습니다.

목회자 멘토링 컨퍼런스는 '교회란 무엇인가', '목사란 무엇인가', '목회란 무엇인가' 하는 본질적인 물음을 가지고 며칠 동안 멘토들과 고민하는 프로그램입니다. 여기에 꾸준히 참여해서 동역자들과 함께 본질에 충실한 목회를 하려고 애를 쓴다면, 현실이 비록 고달프고 버거울지라도, 무력함에 굴복하지 않고 기쁨과 보람으로 사역을 감당할 수 있을 것입니다.

컨퍼런스가 본질에 대해 고민하는 자리라면, 워크숍은 구체적인 노하우를 배우는 자리입니다. 아무리 작은 교회라도 그 지역사회에 꼭 필요한 존재가 되어야 합니다. 교인들만을 위한 교회, 출석하는 사람들만 교인으로 여기는 교회는 갈수록 설 땅이 좁아집니다. 예배당 건물 안을 출입하는 교인뿐 아니라 지역에 사는 사람들도 우리 교회 교인으로 여기고 목회하는 목사와 교회가 절실합니다. 그런 목회 철학과 구체적인 방법론을 함께 배우는 자리가 워크숍입니다.

아이들은 미래에 대해서 아름다운 꿈을 꾸고 노력합니다. 부모님은 건강한 교회, 행복한 목회를 꿈꾸면서 노력합니다. 우리는 아이들과 부모님이 이러한 꿈을 꾸고 노력하는 데 작은 힘이라도 될 수 있도록 노력합니다. 이것이 '꿈꾸는 여행'을 통해서 우리가 그리고 싶은 아름다운 그림입니다.

여덟 번째 이야기

한 달 만에 채워진 모금액
함께 누리는 수고와 기쁨
신뢰, 그 대단한 힘

한 달만에 채워진 모금액

힘들게 사역하는 목사님들의 자녀를 돕는 일을 하고 싶다는 생각은 2007년부터 했습니다. 특별히 아이들에게 꿈을 심어 주는 일을 생각했습니다. 그러나 이 일을 시작할 엄두는 내지 못했습니다. 수천만 원이 드는 엄청난 일인데, 우리에게는 그런 돈이 없습니다. 돈은 없고 마음만 있었지만, 그래서 그 소원을 포기하지 않고 마음속에 품고 지냈습니다.

그러던 2013년 여름, 워싱턴에서 열리는 신학생·목회자 멘토링 컨퍼런스에 참석하기 위해 미국에 갔다가, 아틀란타새교회 심수영 목사님의 초대를 받아서 애틀랜타를 방문하게 되었습니다. 며칠 지내면서 이런저런 대화를 나누는데, 갑자기 '더 이상 미루면 안 되겠다'는 마음이 강하게 일어났습니다.

한국에 돌아와서 입소문을 내기 시작했습니다. 병도 자꾸 소문을 내면 도움의 손길을 만날 수 있다는 말처럼, 좋은 일도 자꾸 말로 퍼트려야 합니다. 외부의 재정 후원이 없이 저 혼자서는 도저히 할 수 없는 일이기 때문입니다.

2013년 9월 중순, 제가 매주 출연하던 CBS TV 프로그램 '크리스천 NOW'에 어느 원로목사님을 초대 손님으로 모셨습니다. 예전에 이분과 목사 자녀에 대한 이야기를 몇 번 나눈 적이 있습니다. 자녀 때문에 가슴앓이를 하신 이야기를 들은 적도 있습니다. 이번에 만났을 때 제 구상을 이야기했더니 반가워하셨습니다. 후원해 줄 테니 교회에 공문을 보내라고 하셨습니다.

이런 일은 지체하면 안 됩니다. 곧장 공문을 보냈습니다. 200만 원을 후원해 주었습니다. 이것이 목적 후원으로 가장 처음 입금된 돈이었습니다. 일단 이 돈을 종잣돈 삼아서 본격적으로 모금 편지를 보내고 〈뉴스앤조이〉에 글을 썼습니다.

한국에서 모금해야 하는 돈이 4,000만 원 가까이 됩니다. 학생 10명과 스태프 3명이 미국으로 날아가는 항공료와 미국 LA–애틀랜타–워싱턴–뉴욕으로 날아가는 항공료와 일반 행정 경비입니다.

한국에서는 1인당 300만 원이 든다고 계산해서, 1명 비용을 후원해 달라고 요청했습니다. 교회와 단체 13군데, 개인 8명이 기쁨으로 후원해 주었습니다. 모금 편지를 쓴 지 꼭 한 달, 그러니까 10월 중순까지 약 3,600만 원 정도가 약정되었고, 미국

에서 십시일반 현금으로 지원해 주신 것을 합하면 3,800만 원이 조금 안 되는 돈이 마련되었습니다. 풍족하지도, 부족하지도 않았습니다.

미국 각 여행지에서는 그곳에서 지내는 동안 먹는 것, 자는 것, 노는 것, 구경하는 것 등 모든 비용을 그곳의 교회들이 부담해 달라고 요청하기로 했습니다. 여행 경비를 우리가 전부 모금하려면 결코 만만한 일이 아니지만, 4개 지역에서 4개 교회가 닷새 정도 여행하는 데 드는 비용을 감당하는 것은 크게 어려운 일은 아니라고 판단했습니다.

교회 입장에서 볼 때 미리 계획한 사업도 아니니 그에 따른 예산이 있었을 리가 없습니다. 어떤 곳은 선교나 교육 항목의 재정을 쓴 경우가 있었고, 어떤 곳은 교인들에게 동참해 달라고 요청했습니다. 그래서인지 아이들에게 식사를 대접하고 잠자리를 내 주신 교인들이 적지 않았습니다. 바빠서 아이들을 만나지 못한다면서 돈만 보내 주신 분들도 있었습니다.

이분들은 돈을 내고 방을 내 주는 수고를 기쁨과 보람으로 감당해 주셨습니다. 목사님이 시켜서 마지못해 하는 섬김이 아닌 것을 확실히 느낄 수 있었습니다. 난생 처음 보는 아이들, 그저 한국교회 목사 자녀라는 몇 개의 단어밖에는 아무런 정보도 없는 아이들을 환대해 주신 이분들이 감사합니다. 이분들에게 기쁨으로 섬길 수 있는 기회를 마련해 드린 우리도 보람과 즐거움이 큽니다.

함께 누리는
수고와
기쁨

 중간에 애리조나·볼티모어·필라델피아·뉴저지를 방문했지만, LA·애틀랜타·워싱턴·뉴욕, 이렇게 4개 도시가 거점 지역입니다. 이곳을 여행 코스로 선정한 배경 이야기를 해야겠습니다.

 2013년 10월, 한국에서 열심히 모금하고 있던 어느 날 밤입니다. 잠자리에 들어가기 전에 LA에 있는 ANC온누리교회 유진소 목사님, 애틀랜타에 있는 아틀란타새교회 심수영 목사님, 워싱턴에 있는 와싱톤한인교회 김영봉 목사님, 뉴욕에 있는 뉴욕장로교회 이승한 목사님에게 똑같은 내용을 담은 메일과 페이스북 쪽지를 보냈습니다. 미자립 교회 목사 자녀들을 데리고 미국을 여행하려고 하는데, 지원해 줄 수 있느냐는 내용입니다.

 다음 날 아침 눈을 떴는데, 네 분 모두에게 답장이 왔습니다.

저랑 엮인 악연 때문에 거절할 도리가 없다는 엄살부터, 이 일에 동참할 수 있게 해 주어서 감사하다는 겸손의 말씀까지, 단 한 군데도 거절하지 않고 기꺼이 승낙해 주었습니다.

LA에 있는 ANC온누리교회 유진소 목사님은 95년에 딱 한 번 만난 적이 있습니다. 한국 두란노서원에서 '성장하는 미국 교회 탐방 프로그램'을 열었는데, 유진소 목사님은 한국 온누리교회 부목사로, 저는 취재기자로 참여했습니다.

2012년 여름, LA를 방문했을 때 제가 연락해서 18년 만에 만났습니다. 무척 오랜만이지만, 그동안 어떻게 지내는지 서로 간접적으로 알고 있었기 때문에 별로 어색하지 않았습니다. 1시간 정도 짧은 대화를 나누고 헤어졌습니다.

자리에서 일어나기 직전에 목사님이 "혹시 도울 일이 있으면 언제든지 편하게 이야기하라"고 하셨습니다. 모든 사람에게 그렇게 이야기하는지 모르겠고, 설마 정말 뭔가를 부탁할지 예상하지 못했을 수도 있습니다. 하지만 저 같은 사람은 그런 말을 놓치지 않습니다.

애틀랜타에 있는 아틀란타새교회 심수영 목사님은 2013년 여름에 처음 만난 분입니다. 평소 가끔 〈뉴스앤조이〉를 보시는 분인데, 제가 미국 출장을 간다는 기사를 읽고 메일을 주셨습니다. 애틀랜타를 들러서 며칠 개인적으로 교제했으면 좋겠다는 것입니다. 원래 애틀랜타에서 공식적인 일정은 없었는데 오랜

만에 그곳을 방문하게 되었고, 며칠 동안 목사님과 다양한 주제로 대화했습니다.

워싱턴에 있는 와싱톤한인교회 김영봉 목사님은 2004년에 쓰신 책 〈바늘귀를 통과한 부자〉 서평을 제가 쓰면서 교제하기 시작해서 10년 동안 이어졌습니다. 저랑 교제하는 것을 즐기면서도, 늘 '김 기자와 함께 있으면 옆구리가 서늘하다'는 너스레를 남발합니다. 2009년 〈미주뉴스앤조이〉가 미국에서 신학생·목회자 멘토링 컨퍼런스를 처음 열 때 김 목사님과 함께 시작하는 데까지 이르렀습니다. 그러니 저의 부탁을 거절한다는 것은 있을 수 없는 일이라고 마음속으로 단정하고 있었습니다.

최병인 대표님이 〈미주뉴스앤조이〉를 설립하려 하실 때 우리

가족은 그 일을 돕기 위해서 2006년부터 2009년까지 뉴욕에 살았습니다. 그때 몇몇 좋은 분들을 사귀었는데, 그중 한 분이 뉴욕장로교회 이승한 목사님입니다. 당시는 뉴저지에서 목회하였는데, 제가 메일 보내기 몇 개월 전에 뉴욕장로교회로 부임했습니다. 아직 자리도 잡지 못했을 것이 분명한데 이런 부탁을 드리는 것이 무리가 아닌가 잠시 고민했지만, 그냥 개인적 친분을 악용해서 밀어붙이기로 했습니다.

　이분들에게 메일과 쪽지를 받으면서 기뻤던 것은, 이 일의 가치를 충분히 이해하셨고, 이분들도 우리의 기쁨을 함께 즐길 수 있겠다는 생각이 든 것입니다. 가치가 있고 보람이 있는 일이라면 기꺼이 도와주고 수고에 동참할 준비가 되어 있는 분들이 많습니다. 이 귀한 일은 이렇게 시작된 것입니다.

신뢰,
그
대단한 힘

　워싱턴에서 지낼 때 일입니다. 아이들을 홈스테이하는 집에 보내고 저도 숙소로 들어왔습니다. 샤워를 하고 스마트폰으로 페이스북을 열었습니다. 저는 잠자는 시간을 빼고는 수시로 페이스북을 열어 봅니다. 〈뉴스앤조이〉와 '목회멘토링사역원'의 업무 진행 상황을 주로 페이스북에서 살피기 때문입니다.

　워싱턴에서 아이들을 맞이해 주셨고, 미국 목회멘토링사역원 원장이시고, 저의 페이스북 친구이기도 한 김영봉 목사님이 방금 전에 올린 짧은 글 하나가 눈에 들어왔습니다. 필자의 허락을 받지 않고 무단으로 전재합니다.

　"방금 10명의 비전 트립 학생들을 두 분의 교우 댁에 맡기고 집에 왔다. 반년 만에 김종희 대표를 반갑게 만났다. 김 대표와 벌써 10년 지기가 되었다.

　그를 생각할 때마다 '신뢰는 엄청난 권력이다'라는 생각이 든다. 나도 그를 신뢰하기에 10년 동안 엮인 것 아닌가? 신뢰라는 무형의 권력으로 그는 수많은 사람들의 지갑을 털어 왔다. 당당하게!

10명의 목회자 자녀들이 본인 부담 하나 없이 20일 동안의 미주 비전 투어를 할 수 있게 한 것도 전부 신뢰라는 권력 덕분이다.

신뢰를 얻는 것, 그것은 큰 권력을 얻는 것이며, 또한 큰 책임을 지는 것이다. 신뢰가 깨어지면 그 권력은 한순간에 증발되어 사라진다.

일관된 삶을 통하여 신뢰를 쌓는 것은 가장 어려운 일이지만, 또한 가장 할 만한 일이다. 알고 보면 목사도 신뢰를 쌓는 것이 가장 큰 자산이며 또한 과제다."

이런 글을 읽고 가만히 있을 제가 아닙니다. 옷도 갈아입지 않은 채 답글을 올렸습니다.

"샤워를 하고 페이스북을 열었다가 깜짝 놀랐다. 김영봉 목사님의 과분한 글을 읽었다. 진심을 이해해 주셔서 감사하다. 근데 '권력'이라는 표현은 좀 불편하다. 권력 대신 '힘'이라는 표현이 좀 편할 것 같다.

부자가 되고 싶다. 돈을 금고 속에 보관하고 있는 부자가 아니라, 여기 쌓여 있는 돈을 저기 필요한 곳으로 옮길 수 있는 부자가 되고 싶다. 내 돈 말고 남의 돈 말이다. 이런 책 제목도 있

지 않은가. 〈돈 한 푼 없이 부자로 사는 법〉. 읽어 보지는 않았지만, 그런 부자가 되고 싶다.

힘을 갖고 싶다. 부정적 느낌의 권력이 아니라, 긍정적 느낌의 힘이다. 목사님 글대로 신뢰의 힘에다가 실력의 힘, 용기의 힘을 갖고 싶다. 나누고 섬기는 데 그 힘을 쓰고 싶다. 돈을 나누고, 시간을 나누고, 마음을 나누고, 인생을 나누고 싶다.

목사님 글대로 신뢰라는 것은 살얼음판 같은 것이다. 아이들을 미국에 데리고 올 때 내 아이들을 생각하지 않았겠는가. 애틀랜타에서 어느 부부의 엄청난 제안을 들었을 때 내 아이가 먼저 떠오르지 않았겠는가.

여러 사람들이 왜 아이들을 데리고 오지 않았느냐고 물었을

때, '그런 특권을 누리는 순간 저는 끝나는 겁니다' 하고 대답했다. 애틀랜타에서 사모님이 '그럼 일을 겸해서 오지 말고 휴가로 가족 데리고 오세요' 하신다. 아, 그런 방법이 있었구나. 일단 잔뜩 쌓인 빚부터 어느 정도 갚은 다음 가족 여행을 해야겠다. 어쩌면 큰딸이 효도 관광을 시켜줄 때를 기다려야 할지도 모르겠다.

소외된 아이들을 돌보기 위해 내 아이들이 소외되는 모순, 어쩌면 이것이 공적인 사역을 하는 사람들의 숙명 아니겠는가. 그 숙명을 거역하는 순간 신뢰는 깨지고 힘은 사라진다. 섬김과 나눔의 가치는 공염불이 되고 만다."

두고두고 저를 다스리기 위해서 여기에 이 글을 남깁니다.

비전 투어를 다녀와서 _ 학생 소감문

인생은 짧지 않다. 서두르지 말자
왠지 모를 자유로움과 자신감이 생겼어요
서로 공감하고 이해하는 것이 얼마나 행복한 일인지
하나님이 내 마음에 심어 놓으신 것을 믿자
이 경험이 큰 열매를 맺을 것이라고 믿는다

인생은 짧지 않다. 서두르지 말자

김수연 (경남 산청 홈스쿨 / 16살)

2014년 1월 16일부터 2월 7일까지 23일 동안 미국으로 PK 비전 투어를 다녀왔다. 선생님들을 포함하여 많은 분들이 이번 투어에 큰 도움을 주셨다. 정말 감사했다. 그분들의 도움이 있었기에 우리의 여행이 가능했다.

미국에 가기 전, 이틀 동안 부산 호산나교회에서 사전 모임을 가졌다. 덕분에 여행을 함께 할 친구들을 먼저 만날 수 있었다. 우리는 1박 2일 동안 진한 시간을 가졌다. 사전 모임을 통해 구체적인 일정과 준비할 것들을 알 수 있었다. 떠나는 날까지 3주 동안 설레는 마음으로 옷가지들과 여행 용품들을 구입하며 여행을 준비했다.

미국으로 출국하는 날, 공항에서 친구들을 반갑게 다시 만났고, 미국으로 가는 비행기의 탑승 수속을 시작했다. 그때의 기분을 표현하기란 참 힘들겠지만 마음이 여기저기에 흩어져 가 있는 듯했다.

11시간의 비행을 마치고 드디어 미국에 도착했다. 미국에 왔다는 설렘보다 긴장이 더 되었던 것 같다. 긴장한 탓인지 LA에 있을 동안은 이곳이 미국이라는 것조차 잘 실감이 나지 않았다.

미국에서 가장 기억에 남았던 장소를 꼽자면 그랜드캐니언이 아닐까 싶다. 그랜드캐니언에서 오래 있지는 않았지만 충분히 그 기를 느낄 수 있었고, 자연 앞에서는 사람이 정말 약한 존재라는 사실을 다시 한 번 느낄 수 있었다. 6억 년에 걸쳐 생긴 그 거대한 협곡 앞에서 우리는 한동안 자연을 느끼며 가만히 서 있었다.

미국에서 가장 많이 간 곳이 박물관이다. 스미스소니언부터 시작하여 홀로코스트박물관, 메트로폴리탄박물관, 인디언박물관 등 많은 박물관을 방문했다. 모두 하나같이 인상적이었다.

홀로코스트박물관에서는 피해자 가족의 인터뷰를 들었는데, 잘 알아들을 수는 없었지만 왠지 모를 아픔에 울기도 했고, 메트로폴리탄박물관에서는 교과서에서나 보던 미술 작품들을 실제로 볼 수 있어서 신기했다. 인디언박물관도 기억에 남는데 수많은 물건들 하나하나의 섬세함이 정말 놀라웠고, 이런 섬세한 작품이 사람의 손에서 나올 수 있다는 사실이 놀랍기도 했다.

미국에 3주를 머무는 동안, ANC(All Nations Church), NCA(New Church of Atlanta), NYPC(New York Presbyterian Church), 세 교회에서 예배를 드렸다. 개인적으로는 NCA에서 드렸던 온세대 예배가 가장 기억에 남는다. 온세대 예배는 어느 세대든, 국적이든 모두 모여 드리는 예배였다. 찬양 시간에는 한국어 찬양과 영어 찬양을 번갈아 가며 부르고, 목사님의 설교도 같은 말을 두 번씩 각각 영어와 한국어로 해 주셨다.

빈민촌에 갔던 일은 나에게 깊이 남은 기억이 되었다. 빈민촌에서 사역하시는 목사님이나 사모님 그리고 그 분들을 돕는 사람들의 수고와 땀 흘림에 감동받았던 것도 있지만, 미국에 오기 전의 나는 미국에 대해 어떠한 '환상' 같은 것을 가지고 있었던 것 같기도 하다. 그 환상은 미국에 와서도 계속되었는데, 차가 볼티모어에 들어섰을 때 받은 충격은 꽤나 컸다. 미국에 이런 빈민촌이 있다는 것도 놀라웠지만 미국이 이곳을 방치하고 있다는 것이 더 놀라웠다.

나는 목사님의 말씀과 사역에 감동하기도 하고, 공감하기도 했다. 내 꿈이기도 한, '사람을 살리는 일'에 대해 조금 더 구체적으로 다가갈 수 있어 더 깊이 기억에 남는 만남이었던 것 같다.

 나는 음악을 통하여 사람의 마음을 치유할 수 있다고 생각한다. 내가 만든 노래와 선율들이 사람에게 위로가 되었으면 한다. 하지만 나는 그 외에도 하고 싶은 것이 너무 많다. 철학과 신학에도 관심이 많고, 요리를 배우는 일도 아주 재미가 있다.

 누가 일부러 그런 말을 한 것도 아닌데 나는 자꾸 어떤 한 가지를 결정해야 한다는 생각을 했다. 어떤 길을 너무 오래 걷다가 다시 꿈을 바꾼다는 것은 마치 시간 낭비가 될 것 같았기 때문이다. 그런데 연세가 많은 PK 선배님들이 생각보다는 인생이 짧지 않다고 하시며, 너무 조급해하지 말고 내가 하고 싶은 것을 다 해 보라 하셨다. 그 조언을 들으면서 마음이 너무 시원하고 좋았다. 집에 와서 부모님께 그 말씀을 드리니 당연하다시며 어떤 길도 닫아 버리지 말고 기회가 주어지는 대로 해 보라고 하셨다. 정말 감사했다.

 마지막 날 아침. 미국을 떠난다는 것도 섭섭했지만 만났던 사람들과 곧 헤어진다는 사실에 나는 표정이 어두웠던 것 같다. 처음 일주일만 해도 길 것 같았던 이번 여행은 생각보다 훨씬 빨리 끝났다.

 나에게 너무 좋은 기회가 허락된 것 같아 많은 분들께 진심으로 감사하다. 이번 여행이 좋은 추억을 만들어 준 건 물론, 나에게 새로운 물음을 던질 수 있는 계기가 되어 주었다. 투어가 끝나 많이 아쉬웠지만 그 끝과 함께 무언가가 또 시작되고 있었다. 선생님께서 이번 투어는 미국을 다녀왔다고 해서 모두 끝나는 것은 아니라고 말씀해 주셨다. 사람을 만나는 일에 끝이 있기는 할까? 같이 간 친구들, 선생님들과 그리고 미국에서 만난 분들과 연락을 계속하고 있다.

내가 만난 미국은 생각했던 것보다 '환상'적이진 않았다. 그저 '사람 사는 동네'였다. 그 사람들이 모이고 모여 이렇게 큰 국가를 만들었다는 사실이, 정말 놀라웠다. 끝이 보이지 않는 이 국가도 결국 사람에서부터 출발하는 것이었다. 나는 그 사람들의 틈에서 큰 것을 배워 간다.

이번 투어가 나에게 '시작'이라는 새로운 키워드를 준 것 같아서 좋다. 어쩌면 시작과 끝이 같은 것인지도 모르겠다. 나는 항상 노력하는 사람이고 싶다. 뜻이 있는 곳에 길이 있을 것이다. 나는 그 뜻을 품으며 살고 싶다. 앞으로 나는 많은 시작과 끝을 만날 것이다. 그 때마다 이번 투어에서 얻은 것들을 기억했으면 좋겠고, 용기 있게 그 시작과 끝을 만날 수 있었으면 좋겠다.

미국씩이나 다녀온 나는 오늘도 오늘 하루에 충실하려고 애쓰며 살아가고 있다.

왠지 모를 자유로움과 자신감이 생겼어요

임한이 (경기도 고양 현산중학교 3학년)

저는 2014년 1월 16일부터 2014년 2월 7일까지 미국 여행을 다녀왔습니다. 자기소개서를 쓰고, 면접을 보고 떨려 하던 제가 벌써 여행을 끝내고 집에서 이런 글을 쓰고 있네요. 좀 평범한 표현일 수 있지만, 긴 꿈을 꾼 것 같다는 말이 딱 맞는 것 같습니다. 많이 긴 꿈. 휘리릭 하고 어느새 끝나 버린 좋았던 꿈. TV나 영화에서나 보이던 장면들이 눈앞에 펼쳐져 있으니 정말 신기하고 멋있다는 느낌이 들었던 것 같습니다. 그래서 더 꿈같다는 느낌이었는지도 모르겠습니다.

여행 첫날 공항에서 짐을 분실했습니다. 물론 금방 찾았지만, 그땐 정말 즐겁게 시작한 여행에 왜 이런 일이 생겼을까 싶었습니다. 당황했고 속상했습니다. 하지만 지나고 생각해 보니 재밌는 추억거리가 된 것 같습니다. 짐이 사라져도 전혀 당황할 필요 없다는 점도 배웠고, 오히려 감사할 일이라는 생각까지 들었습니다.

미국은 생각보다 훨씬 유쾌했습니다. 만나는 사람마다 웃으며 인사해 주고, 말도 걸어 주고, 반갑게 맞이해 주었습니다. 미국에 도착하고 바로 다음 날, 디즈니랜드에 갔습니다. 거기서 저는 두 번의 문화 충격을 받았습니다. 길거리에서 노래를 부르고, 춤을 추며 공연하는 (무슨 뜻인지는 전혀 모르지만) 사람들을 보았는데, 그 공연하는 사람들이 너무나 행복해 보였습니다.

정말 행복해 보였습니다. 게다가 그 공연을 함께 즐기는 사람들도 다들 너무 즐거워 보였고, 정말 말 그대로 공연을 보는 게 아닌 공연을 즐기는 모습이었습니다. 그리고 그렇게 춤까지 추며 즐기던 사람들을 우리나라였다면 약간 이상하게 보는 시선들이 없을 수 없었을 텐데, 그곳의 사람들은 정말 자연스러워 보였습니다. 제가 첫 번째로 받은 행복한 에너지는 바로 이때였습니다. 공연을 하는 사람들도, 즐기는 사람들도 너무 좋았습니다.

두 번째로는 정말 별일 아니지만 사진 찍는 여자아이를 보았을 때입니다. 저 같은 경우 사진을 찍는다고 하면 얼굴 옆에 조그마한 브이(V)를 그리는 게 다였는데, 사진 속 여자아이는 두 손을 번쩍 든 채로 있었습니다. 그때 전 또 '아, 사진은 저렇게 찍는 거였지' 했던 것 같습니다. 그때 이후로 의도적으로 V 포즈를 피하게 된 것 같기도 합니다. 전 왠지 자유로운 그 느낌이 너무 좋았습니다.

같이 간 멤버들과는 24시간 내내 함께 있다 보니 일상에서의 3주와는 다른 3주를 보낸 것 같습니다. 훨씬 길게 느껴지는 꽉 찬 3주였죠. 아주 많은 일들이 있었고, 많은 감정 변화가 있었고, 아주 많은 대화와, 대화와, 대화가 있었습니다. 처음 만난 사람들과 3주를 함께하는 색다른 경험을 통해서 또 생각지도 못한 것들을 배운 것 같습니다. 삐거덕삐거덕하는 우리였지만 정말 소중한 친구들이 생긴 것 같습니다. 어디서도 만날 수, 모일 수 없는 친구들인 것 같기 때문입니다.

여기서 만난 친구들과 더 빨리 친해질 수 있었던 이유는 서로 공감할 수 있는 점들이 많았기 때문이었습니다. 누구에게도 할 수 없었고, 해도 이해해 줄 사람도 없던 이야기들을 말하지 않아도 이미 다 알고 있었습니다. 혼자만 꼭꼭 숨겨뒀던 이야기들을 이렇게 마음 편히 할 수 있는 친구들이 있다는 것 자체가 너무 감사한 일인 것 같았습니다. 당연한 일일 수도 있지만, 우리는 서로를 대할 때, 정말 그냥 친구 대하듯이 대할 수 있었습니다. 남들은 우리 의지와는 다르게 새겨진 우리의 이미지를 보지만, 우리는 전혀 그럴 필요가 없는 걸 알았기 때문입니다.

아빠 뒤에 서 있는 나이기 전에, 나는 나 자신이고 그냥 평범한 학생이란 걸 누구보다도 잘 알았기 때문입니다. 그랬기 때문에 더 빠르게, 더 많이 가까워질 수 있었다고 생각합니다. 한국에 돌아와서도 여전히 손 편지를 각자의 집으로 보내기도 하고, 카톡으로 대화도 많이 합니다. 다들 다시 만날 날만 기다리고 있습니다.

저는 많은 걸 배우고 왔다고 말하기보다 많은 걸 느끼고 왔다고 말하는 게 맞는 것 같습니다. 솔직히 미국에 다녀와서 목표 대학이 생겼다든지, 꿈을 확실하게 정했다든지, 그런 건 아닙니다. 하지만 상상 가능한 세상이 넓어졌다고 할까요? 할 수 있는 일, 갈 수 있는 곳이 생각했던 것보다 훨씬 크다는 것을 느낀 것 같습니다. 예전에는 정말 막연한 일이었고, 너무나 멀게만 느껴졌던 일들이 지금의 제가 느끼기에는 한층 더 가까워진 것 같고, 실현 가능한 일인 것 같다는 생각이 듭니다. 이 새로운 느낌이 제가 이번에 얻어 온 가장 소중한 것입니다.

왠지 모를 자유로움이 생겼고, 왠지 모를 자신감도 생겼습니다. 또 왠지 모르게 당당하게 자신의 생각을 말할 수 있는 사람이 되겠다는 생각을 했습니다. 그런 생각이 왜 들었는지는 정말 모르겠습니다. 제게 이런 생각들과 느낌들을 준 이번 여행은 참 감사한 일입니다. 정말 감사한 일이라는 생각을 많이 했습니다. 어떻게 이런 일이 있을 수가 있을까 싶기도 했습니다. 제가 미국에 다녀왔다니요. 생각하면 할수록 말도 안 되는 일인 것 같습니다. 새삼 또 대단한 일이었다는 생각을 해 봅니다.

서로 공감하고 이해하는 것이 얼마나 행복한 일인지

안혜민 (전남 광주 수완중학교 3학년)

스트레스 해소법에는 여러 가지가 있겠지만, 아마 거의 모든 이들에게 해당되는 방법 중 하나는 자신의 이야기를 공감해 주는 사람과의 만남일 것이다. PK들은 공감을 받기 어렵다. 그런 면에서 PK 비전 투어 캠프는 정말로 좋은 경험이었다. 물론 미국에 가서 역사적인 장소도 구경하고, 무언가 한국에서는 경험할 수 없는 것들을 겪어 보는 것 또한 개개인에게 도움이 되었겠지만, 그런 것들을 제쳐놓고서라도 PK들이 함께 3주 동안 지내며 놀 수 있었던 것이 제일 좋았다.

사실 안타까운 면도 없잖아 있었다. 나 혼자나 친구 한둘 정도만 미국 여행에 갔으면 박물관도 더 자세히 둘러보고, 뮤지컬도 보고, 주변 사람과 노는 것보다 경험과 배움에 더 신경을 썼을 텐데. 이번 비전 투어에서는 무언가를 배운다기보다는 정말 미친 듯이 놀았던 것 같다. 이동하는 버스 안에서 떠들고, 왕 게임을 하고, 벌칙을 수행하라며 서로 깔깔대며 웃고. 오죽했으면 선생님이 우리들을 향해 '촌놈들'이라며, 이런 데 왔으면 놀지 말고 좀 보라고 하셨을까.

하지만 그래도 미국 여행으로 남는 건 있었다. 미국의 상황, 우리나 사람들이 아는 것이 전부가 아니라는 것, 누군가에게 영어로 말할 수 있게 되었다는 자신감 같은 것들. 그리고 사람과 정말로 친해지는 것이 얼마나 어려운 일인지, 자신을 공감해 주고 이해해 줄 수 있는 사람을 만나는 것이 얼마나 기분 좋은 일이고 행운인지 막연히 조금씩 더 느끼게 되었다.

또 비전 투어를 하면서 좋았던 것, 정말 일정이 좋았다. 이리 갔다, 저리 갔다 시차 적응하랴 힘들기도 했지만, 그 지역에 가면 꼭 보아야 한다고 사람들이 입을 모아 이야기하는 곳에는 꼭꼭 챙겨 갔었던 것 같다. 특히 그랜드캐니언. 그곳에 가서는 선생님들도, 우리들도 다 감동을 받고 계속 감탄했었다. 붉은 빛이 나고 또 회색 같기도 한데 갈색 빛도 나는 협곡의 향연은 너무 거대하고 멋있어서 다들 사진 삼매경에 빠졌다. 또 하나 더 꼽자면 맨해튼의 센트럴파크. 그곳은 정말 설국이었다. 하얀 눈이 내렸는데 그걸 아무도 건드리지 않아 매끈한 바닥의 표면, 누군가가 눈사람을 만들어 놓아 시선을 빼앗겼던 곳, 오리들이 헤엄치며 신기한 광경을 보여 주었던 호수까지. 정말 사진을 계속 찍어도 아까운 그런 광경이었다.

아, 생각을 하다 보니 아직도 두근거린다.

　PK 비전 투어는 우리 기수 다음에도 2기, 3기를 뽑을 수도 있다고 하셨다. 음, 만약 그렇게 된다면 2기, 3기 멤버들도 우리처럼 금세 친해져 놀기에 정신이 없지 않을까? 나는 그러지 못했지만, 나중에 올 사람들에게는 중간을 잘 지키라는 이야기를 하고 싶다. 어떤 쪽으로든 너무 치우치면 반대쪽이 아쉽다. 비전 투어는 두 가지 다 놓치면 아쉬울 것들이니, 욕심이 나더라도 조금은 참고 여행에 집중했으면 좋겠다. 여행이 끝나더라도 친해진 사람들끼리는 밤낮 없이 연락하게 되니까.

하나님이 내 마음에 심어 놓으신 것을 믿자

김은명 (경기도 이천 장호원중학교 3학년)

경기도 이천시 장호원읍 노탑리 197-5번지. 내가 살고 있는 곳이다. 이런 조그만 동네에 있다 보니 내가 미국을 다녀온 것이 맞는지 헷갈릴 정도이다. 길다면 길지만 짧다면 짧은 23일간의 여정을 지금부터 써 내려 가겠다.

미국 날짜로 1월 16일. 우린 미국에 도착했다. 디즈니랜드, 그랜드캐니언, 타임스퀘어 등…. 미국에서 일정은 나에게 많은 경험을 안겨 주었다. 미국이라는 넓은 땅을 통해 나는 장호원 촌구석이라는 우물에 갇힌 개구리라는 것을 깨달았다. 여태껏 내가 제일 잘나고 똑똑한 사람인 줄로만 알았는데, 이렇게 큰 나라와 다른 사람들을 보니 그런 자만심이 움츠러들었다.

전교 일등을 한다던 선우 오빠, 생김새와는 달리 배려심이 뛰어난 맏언니 윤경 언니, 무언가를 객관적으로 바라보고 비판하는 능력이 있는 세훈 오빠, '페이스북'에서부터 '단톡'까지, 우리들을 한 10년은 보고 살아온 친 형제자매처럼 만든 행동력 하나는 끝내 줬던 은영 언니, 언니지만 귀여운 매력이 있던 수아 언니, 정말로 우릴 즐겁게 해준 장미 언니, 17이라는 나이답지 않게 깊은 사고를 보여준 수연 오빠, 뛰어난 음악적 능력을 가진 한이, 함께 있으면 편안한 혜민이까지. 이 아홉 명을 보면서 나는 그저 장호원에서 온 조그만 한 아이에 지나지 않는구나 하고 느끼게 되었다.

그렇지만 한편으론 나도 이들처럼 뭔가 나만의 특별한 재능이 있다는 것도 발견하였다. 미국에서의 신나는 일정들도 재밌었지만, 매일 밤 침대에 누워 언니들, 친구들과 함께 즐겁게 떠드는 것은 그날 하루 동안의 그 어떤 스케줄들보다도 더 재밌고 기다려지는 일이었다. 그런 이야기들을 통해서 내가 왜 미국에 왔는지를 알 수 있었던 것 같다.

애틀랜타에서는 홈스테이를 하면서 만난 집사님의 말씀이 마음에 들어왔다. 꿈에 대한 고민을 털어 놓자, 한마디 말로 마음을 굳힐 수 있게 해주셨다. '일단은 하나님이 내 마음속에 주신 것을 믿어라.' 그 말씀을 듣고 마음속에 품어왔던 생각이 정답이 아닐까봐 걱정하는 것을 그만두기로 했다. 미래를 걱정하느라 현재를 보내버리는 것. 그것은 미련한 짓이었다. 내가 미련한 짓을 하고 있었다는 것을 일찍 깨닫게 해 주신 그

집사님께 너무 감사드린다.

그밖에 여러 사람들을 통해 기억에 남는 말을 많이 들을 수 있었다. 다수가 꼭 진리는 아니라는 말. 많은 사람들이 바라는 것, 많은 사람들이 원하는 것을 좇았던 나는, 그 말을 듣고 생각을 많이 하게 되었다. 모두가 원한다고 해서 정답은 아니다. 나는 내가 원하는 것, 그것을 정답으로 생각하기로 했다. 나에게 있어 정답은 내가 정하는 것이니깐, 이 문제의 출제자는 하나님이시고 문제의 답은 하나님이 나의 마음속에 넣어 두셨으니까, 내가 생각하는 그것이 정답이라고 믿기로 했다.

나는 연극배우가 되고 싶었다. 아니, 되고 싶다. 엄마가 바라는 것, 현실성 있는 것, 돈을 벌 수 있는 것. 그런 것을 위해 하기 싫은 것을 해가며 살아가는 내가 아니라, 진정으로 내가 바라는 것, 하고 싶은 것을 솔직하게 하고 싶다고 말하고 노력해 가는 내가 되고 싶다. 지금 내가 밟고 있는 땅은 대한민국이라는 조그만 나라이다. 그렇지만 앞으로는 아니다. 미국일지는 모르겠지만 내가 좋아하는 것이기에 미국만큼 넓은 아니, 그보다 더 넓은 무대. 그곳이 내가 앞으로 서 있을 곳이다.

이 경험이 큰 열매를 맺을 것이라고 믿는다

김수아 (경북 포항 포항여고 2학년)

야자를 마치고 피곤에 찌들어 집에 돌아왔다. 엄마, 아빠가 거실에서 반겨주었다. 여느 때와 다름없는 날이었다. 아빠의 한마디가 있기 전까지는 말이다. "수아야, 미국 갈래?"

'웬 미국?' 처음에는 뜬금없다고 생각했다. 미국은 그저 지구본에서만, 교과서에서만 보던 나라였다. 아빠 얘기를 다 듣고 나니 미국보다 더 떨리는 것이 있었다. 나와 같은 처지인 목회자 자녀들과 같이 간다는 것. 비슷한 환경에서 비슷한 생각을 하며 자랐을 친구들, 엄마, 아빠도, 정말 친한 친구들도 이해 못 할 이야기에 공감해 줄 수 있는 친구들, 그 친구들을 만날 생각을 하니 너무나 기대되고 설레고 떨렸다.

그때 난 마음이 무척 무겁고 힘든 상태였다. 교회에서 느끼는 외로움이 나를 무척 힘들게 했다. 미국처럼 큰 세상에 나갔다 오면 생각과 마음이 좀 더 성숙해진다던데, 답 없는 일상에, 또 내 뜻대로 안 되는 마음가짐에 전환점을 찾고 싶었다.

서류 심사를 통과해 면접을 보았다. 질문을 받을 때 난 내 일상이 행복하다고 말했다. 난 정말 행복한 가정에서 좋은 부모님에게서 태어났고, 모태신앙인 것도 축복이고, 매주 교회에 빠지지 않고 나가는 것도 정말 큰 선물이라고 느꼈었다.

면접 때 종희 쌤이 폭탄 질문을 많이 던지셨다. 목사의 딸로 살아가는 것에 대한 질문이었다. 대답은 해야 하고 생각은 잘 떠오르지 않았다. 중학생 때 많은 생각을 했지만 기억이 잘 나지 않았다. 지금은 모든 것이 당연한 거라고 생각을 하고 있었기에 긍정적인 생각을 말했다. 교회 때문에 힘든 것도 말하지 않았다.

면접을 보고 온 그 주 토요일 자습 때 난 연필을 쥐고 공부를 할 수 없었다. 판도라의 상자를 연 것처럼 초등학교의 기억부터 중학생 때 했던 생각들이 떠올랐다. 묻어두고 있었던 슬펐던 일들, 억울했던 일들이 마구 생각나기 시작했다. 생각을 멈출 수 없었다. 그 당시의 감정들도 떠올랐다. 너무 괴로웠다. 종희 쌤의 날카로운 질문 몇 마디로 모든 것이 기억났다. 종희 쌤처럼 물어보는 사람은 한 번도 없었다. 그렇기에 너무나 당황스러웠고 오랜만에 끄집어낸 기억들을 하나씩 다시 정리하고 싶어졌다.

　최종 선발됐다는 연락을 받았다. 너무 기뻤다. 어떻게 나에게 이런 기회가 왔을까. 너무 신기하고 감사했다. 여행 전 1박 2일로 열리는 캠프가 우선 기다려졌다.

　캠프에서 만난 아이들과 빠르게 친해졌고 밤새 놀면서 많은 얘기를 나눴다. 우리는 '목회자 자녀'라는 공통점 하나만으로도 서로를 이해할 수 있는 큰 공감대가 형성되었다. 개성이 다 다른 10명이지만 3주 동안 서로 배려하며 잘 지낼 수 있을 것 같았다. 10명의 아이들 모두 이 여행에 대한 각자의 기대가 있었을 텐데 그 모든 게 이루어지길 바랐다.

　미국에서의 3주는 꿈만 같았다. 이 표현이 가장 적절한 것 같다. 꿈. 현실에서 벗어나 꿈을 꾸었고, 3주 후 다시 그 꿈에 깨어나 또다시 현실을 겪어야 했으니까. 3주 동안 여행하면서도 우리는 모두 입을 모아 '꿈'이라고 말했다. 순간순간이 행복했다. 심지어 바닥에 고여 있는 물을 밟아 새로 산 신발이 다 젖었을 때도 즐거웠다. 정말 많은 사람들이 살아가는데 하나하나가 다 다르다는 것. 너무나 당연한 것이지만 그것을 몸으로 깨닫는 건 정말 천지 차이인 것 같다. 그래서 하나하나가 신기하고 또 즐거웠다.

　미국에서의 스케줄은 무척 많았다. 정말 많은 곳을 다녔고, 세상이 정말 넓다는 걸 온몸으로 깨달을 수 있었다. 하나하나 간 곳이 다 의미 있고 뜻 깊은 시간이었다. 하지만 딱 하나 후

회되는 게 있었는데 '한국에서 영어 공부를 좀 열심히 할 걸' 그랬다. 미국 오면 영어 공부가 조금은 될 줄 알았는데 진짜 엄청난 착각이었다. 언어의 장벽이 이렇게 높은 거였구나. 유학 가서 언어가 제일 힘들다던데 이런 게 그런 소리구나 알았다. 한국 가면 영어 공부 엄청 열심히 해야겠다고 결심했다.

정말 미국에 있었던 하루하루가 너무나도 행복했다. LA에서의 그 따뜻한 날씨와 너무나 푸르고 넓었던 그 하늘을 난 잊을 수 없다. 또 다섯 글자만으로도 설레는 디즈니랜드! 또 나를 매우 작은 존재로 느끼게 했던 그랜드캐니언. 자연의 웅장함을 보면서 온 세상을 창조하신 하나님의 위대함을 느낄 수 있었고, 진짜 하나님을 모르는 사람까지도 이 장관을 본다면 신이 존재한다고 생각할 것 같았다. 강인한 정신을 가지고 너무나 멋있게 살아가고 있는 이지선 언니와의 만남도 참 좋았다.

애틀랜타에서 가장 기억에 남는 건 홈스테이하면서 만난 엄 강도사님 부부였다. 저녁에 함께 큐티도 하고 나눔도 하고, 정말 좋은 시간이었다. 그저 감사하고 또 감사하다. 애틀란타새교회 한 분 한 분 모두 우리를 너무나 편하게 대해 주셨다. 정말 따뜻한 시간이었다.

워싱턴에서는 스미소니언박물관이 제일 기억에 남는다. 정말 기대를 많이 하고 갔다. 세계 최대의 박물관이라니! 정말 한국의 박물관이랑 비교도 안 되게 좋았다. 하지만!!하지만!!

관심 있는 분야에 가서도 난 제대로 볼 수 없었다. 모조리 다 ~ 영어니까. 정말 씁쓸했다.

또 빈민 마을에 간 것도 기억에 남는다. 그곳은 정말 폐허였다. 방금 전쟁이 일어났다고 해도 믿을 것 같았다. 그저 도로 하나 건넜을 뿐인데 이렇게도 다를 수 있을까. 미국이라는 거대한 국가의 그림자였다. 그런데 이곳에서 사역하시는 목사님 말씀을 들으면서 '정말 이곳을 사랑하시는구나', '정말 대단한 분이시구나' 하는 생각이 들었다. 자기의 모든 것을 내놓고 정말 이곳을 위해 발을 동동 구르시는 모습에 마음이 아팠다. '하나님이 여기로 가라고 하신다면 나는 갈 수 있을까.'

마지막으로 간 뉴욕! 곧 한국에 갈 날이 다가왔는데, 이제야 '아! 내가 미국에 진짜 왔구나!'라는 생각이 들었다. 영화에서만 보던 미국 시내가 뉴욕이었다. 진짜 미국 같았다. 우리는 뉴요커라고 말하고 엄청 들떠 있었다. 타임스퀘어에서는 사람에 치여 진짜 넘어지면 죽는 건데도 너무나도 재미있었다. 쇼핑하는 시간도 잠시 주어졌고, 가지고 온 용돈도 신나게 다 쓰고 즐거웠다. 한국으로 돌아가야 하는 시간이 다가오고 있었다. 정말 너무나도 아쉬웠다.

3주 동안 너무나도 행복했다. 즐거웠고 자유로웠다. 많은 사람들을 보았고 각기 다른 생각을 가지고 다 다르게 살아가는 모습도 보았다. 이 느낌은 직접 느껴 보지 않고는 어떻게 설명할 수 없는 것 같다. 흙탕물에 새 신발이 다 젖어도, 비가 와도, 엄청나게 쌓인 눈에도, 허벅지가 터질 것 같은 추위에도, 그 어떤 일에도 그 상황이 짜증이 나거나 싫다는 생각이 들지 않았다. 그런 순간마저도 지금은 너무 그립다. 정말 그립다. 아직도 그때를 떠올리면 그 3주간의 기억들이 풋풋하고 꿈을 꾸는 듯 설렌다. 정말 10명 모두 여행하면서 항상 이렇게 말했다. 우리 진짜 행운아라고! 어떻게 우리가 만났을까! 진짜 너무 신기하다고!

3주간의 미국 여행을 통해 내가 처음에 기대했던 것처럼 내가 더 성숙해지거나 마음에 많은 변화가 일어난 것은 아니다. 또 엄마 아빠가 바라는 대로 미국 갔다 와서 내가 달라지거나, 그런 것도 아니었다. 하지만 이 큰 경험을 통해 뿌려진 작은 씨앗들이 내가 더 자라서 분명 열매를 맺을 것이라 믿는다.

비전 투어를 다녀와서 _ 부모 소감문

존재감의 부각, 힘이 나고 삶의 에너지가 솟는 일
자신감과 도전 정신이라는 큰 선물
베풀고 나누는 목회를 하겠습니다

존재감의 부각, 힘이 나고 삶의 에너지가 솟는 일

김영순 (김은명 엄마)

〈뉴스앤조이〉 공지를 보고 설레는 맘으로 서류를 준비하던 게 엊그제 같은데…. 서류 심사 통과 후 첫 면접을 보고 온 날, 합격했다는 전화를 받고 소리 질렀던 날, 부산에서 합숙, 공항에서 배웅하던 날이 마치 어제오늘 일처럼 생생한데 다녀온 후기를 쓰려고 하니 왠지 감회가 새롭고 가슴이 두근거립니다.

서류를 준비할 때 '부모 시각에서 본 자녀'라는 주제로 은명이 소개서를 썼던 기억이 많이 납니다. 늘 막내라서 아기로만 여겼던 은명이의 인생을 객관적인 시각으로 볼 수 있는 기회였습니다. 글을 쓰면서 몇 번이나 가슴을 쓸어내려야 했습니다. 아이가 누려야 할 기본적인 것은 잘해 주지 못하면서 개척교회 목사의 동역자임을 요구하며 아이의 입장을 헤아려 보지 못했음에 눈물 흘렸습니다.

아이가 태어난 다음 해 신대원 준비에 들어가다 보니 경제적으로 늘 풍족하지 못했고, 그것이 아이를 많이 힘들게 했습니다. 자라는 동안에도 늘 인내하고 성화(聖化)될 것만 요구했습니다. 은명이가 1학년(초등학교) 때 개척을 했고, 즐겁게 누려야 할 교회학교는 친구를 전도해야 하는 압박감만 주는 곳이 돼 버렸습니다. 어린아이지만 교사가 없는 교회학교 현실 때문에 초등학교를 졸업하자마자 교회학교 초등부 담임교사로 봉사할 수밖에 없었습니다. 늘 성도들 앞에서 모범이 되도록 절제해야 했고, 마치 성숙한 신앙인인 양 봉사하며 참아내야 했습니다.

비전 트립은 은명이에게 지금까지 한 번도 상상해 보지 못한 새로운 세상이 존재한다는 것을 알려 주었습니다. 탈출과 전환과 해방의 시간이었습니다. 비행기도 처음 타고, 끼니마다 멋진 식사도 대접받고, 호텔에서 푹신한 침대에서 자 보고, 말로만 듣던 여러 곳을 돌아다녔습니다. 모두 행복한 경험이었습니다.

PK라는 이유로 늘 교회에서 모범이 되고 봉사할 것을 요구받고, 또래가 받는 상장이나 간식, 칭찬도 때로는 양보해야 했던 은명이가 이번에는 목회자 자녀라는 이유만으로 먼 이국 땅에서 전혀 모르는 분들에게 날마다 융숭한 대접과 인정을 받았습니다. 안쓰럽고 대견한 눈빛으로 환영해 주는 그것이 은명이에게는 반전의 계기가 되었습니다. 개척교회 자녀라는 것이 늘 속상하고 부모가 자랑스럽지 못했는데 오히려 이것이 자랑거리라니! 많은 분들의 섬김 속에 부모의 목회가 자랑스러워지기 시작했고 자부심과 긍지를 가질 수 있었습니다.

은명이에게 두 번째 신선한 충격은 친구들과 선배 등 10명의 또래였습니다. 꿈 많고 말 많은 여중생에게 PK라는 족쇄는 친구 관계도 자유롭지 못하게 했습니다. 주말마다 놀러가거나 친구 집에서 자는 것이 허락되지 않았으며, 작은 시골 동네이기에 사소한 가족 이야기도 늘 조심스러웠습니다. 행동도 늘 신경 써야 하고 친구들과 깊이 사귀기에도 은명이가 입은 PK라는 옷은 불편했습니다.

그런데 모처럼 비슷한 정서와 비슷한 경험 속에 아픔을 지닌 10명의 언니 오빠 친구들을 만날 수 있었습니다. 공감대가 형성될 수밖에 없는 편안한 느낌이 오고 갔습니다. 같은 처지이기에 서두만 꺼내도 함께 느낄 수 있었고, 눈빛만 보아도 서로를 이해하며 신앙 안에 하나임을 알 수 있었습니다. 3주의 여행은 꿈속을 다니는 기분이었을 겁니다. 다녀와서 무엇을 보았고 무엇이 신기하다는 말보다는 그 오빠는 어떻고 그 언니는 어떻다고 말합니다. 사람에게 많은 감동을 받고 온 것 같습니다.

마지막으로 꿈에 대한 확신이 생겼습니다. 그동안 꿈이 유아 교사라고 했었는데 여행을 다녀와서 자신이 진짜 하고 싶은 것을 다시 찾고 싶다고 했습니다. 유아 교사는, 엄마도 초등 교사였고 언니도 사범대 재학 중이라서 교육 쪽 일을 하지 않으면 안 될 것 같은 집안 분위기 반, 교사라는 직업이 안정적일 거라는 본인 생각 반이 섞여 꾼 꿈이었습니다.

그런데 여행을 다녀와서는 자신이 가장 하고 싶은 것을 하는 것이 진정한 꿈임을 확신하고 진로를 수정하여 연극을 하겠다고 합니다. 그 길이 순탄한 길이 아니기에 어릴 때 제가 한 번 반대해서 아이의 마음을 다치게 한 적이 있습니다. 그런데 이렇게까지 확고하게 수정하며 자신의 의견을 말하니 비전 투어를 잘 갔다 온 건지 잘 못 갔다 온 건지 잠시 혼동이 왔습니다.

하지만 이제는 부모의 틀에 갇혀서 사는 게 정답이 아님을 스스로 깨닫고 왔기에 잘하라고 격려해 주었습니다. 부모 생각에는 어려워 보여도 스스로 가장 잘하며 가장 행복하다고 생각하는 길을 가는 것이 맞다고 제 자신도 인정하게 되었습니다.

교회 내에서도 변화가 생겼습니다. 교인들은 '은명이가 미국도 갔다 왔습니다. 잘 자라 훌륭한 인물이 되게 해 주세요'라며 기도하고 있습니다. 존재감의 부각! 그것만으로도 은명이에게는 힘이 나고 삶의 에너지가 솟는 일이었습니다. 무언가 열심히 해야겠다는 모습으로 변했습니다. 오자마자 스스로 다음 학년 문제집을 주문하고 공부하겠다고 사 달라 부탁합니다. 생활 곳곳에서 즐거운 미소를 던져 주는 좋은 여행이 되었습니다.

자신감과 도전 정신이라는 큰 선물

안석 (안혜민 아빠)

지난 겨울, 15세 된 외동딸 혜민이가 목회멘토링사역원에서 주최한 '목회자 자녀 미국 비전 투어'를 다녀왔다. 3주라는 짧지 않은 시간 동안 혜민이는 또래 청소년 PK들을 만나고 그들과 함께 미국의 주요 도시를 돌며 많은 사람과 새로운 세계를 보고 돌아왔다.

우리 부부는 이 프로그램에 참가 신청하면서 몇 가지 기대가 있었다. 4년 전 광주광역시로 이주해 지역 주민들과 함께 하는 목회를 꿈꾸며 시작한 문화 사역 공간 '숨'을 꾸려 가다 보니, 작은 교회의 특성상 아이가 또래 신앙 공동체를 경험하기 어려웠고, 다양한 예배에 참여해 볼 기회가 별로 없었다. 또한 복음으로 살기 위해 최선을 다하는 멋진 신앙의 멘토나 또래 신앙 친구를 만날 기회 역시 얻기 힘들었다. 한참 사회나 규율에 비판적인 관점을 갖게 되는 시기에 신앙에서 편협

해지면 어쩌나 하는 염려가 있었다.

 이번 비전 투어는 PK들이 함께 참여할 뿐만 아니라 홈스테이 등 현지 교회의 환대와 돌봄을 경험하고 유학생이나 교포 중에 멘토를 만날 수 있게 구성되어 있었기 때문에, 우리 부부는 아이가 이러한 것들을 통해 다양하고 소중한 신앙 공동체를 접할 수 있기를 기대했다. 미국이라는 또 다른 문화권의 나라에서 해 볼 수 있는 다양한 경험으로 삶의 안목을 넓히고 자신의 존재가 넓은 세계와 시간 속에서 어떻게 위치하는지 생각해 봤으면 했다.

 아이는 여행을 다녀온 후, 낯선 사람과 영어로 대화하고 뭔가를 얻고 알아 가기 위해 노력하는 것이 훨씬 수월해졌다고 했다. 겁이 없어졌다. 도전에 좀 더 적극적인 태도를 갖게 되었고 자기 삶에 책임감도 깊어져서 돌아왔다.

 외동딸로 일상생활에서 긴장감이나 갈등이 별로 없이 지내다 보니 책임감이나 도전 의식이 부족하게 느껴졌었는데 한 뼘은 자라서 돌아온 것이다. 본인이 지금까지 알고 경험했던 것이 전부가 아니라는 깨달음과 함께 세상에 대한 인식의 폭도 넓어진 것 같았다. 광활한 자연에 감동받기도 하고 다른 환경의 사람들이 어떻게 살아가는지 알게 되었다고도 했다.

 PK 또래를 만나고 공감하면서 얻은 위안과 격려는, 늘 친구에 목말라 하던 아이에게 형제가 생긴 것 같은 선물이었다. 가끔은 SNS로 소통하느라 시간을 많이 쓰는 부작용이 있기도

하지만, 비전 투어를 다녀와 가장 고마운 것은 아이가 가정과 부모에 대한 감사와 사랑을 확인할 수 있었다는 것이다. 다른 아이들과 함께 부모님이나 가정 환경에 대한 이야기를 나누다 보니, '나만 그런 게 아니구나' 하는 생각과 함께 자신의 상황을 좀 더 객관적으로 볼 수 있게 되었다고 했다. 그동안의 오해나 섭섭함을 풀고, 가정이 얼마나 소중하고 고마운지를 이야기했다.

이러한 아이의 모습을 보니 우리 부부 역시 부모로서 할 수 있는 일은, 아이를 구속하거나 우리가 원하는 행동을 바라기보다는, 좀 더 거시적으로 독립된 존재 자체를 바라보는 것이라는 생각이 들었다. 믿음과 용기, 소망을 가지고 자신의 삶을 준비하고 살아가는 데 더 든든한 지원군이 되어야겠다고 생각했다.

부모와 사춘기 자녀 사이에서 서로를 신뢰하는 것, 솔직히 소통하는 것, 아이가 자신의 꿈을 두려움 없이 말하는 것, 부모로서 지원과 격려를 보내 주는 것 등. 이보다 더 중요하고 소중한 것이 있을까? 비전 투어를 통해 우리 가족은, 청소년 시기에 자신의 삶을 인식하고 만들어 가려는 아이와 새로운 관계를 맺어 가는 데 매우 중요한 부분을 함께 살펴본 것 같다. 큰 변화나 새로운 것은 아니지만 다시 한 번 서로의 관계를 확인하고 깊어지는 경험을 하게 되었고, 그것이 우리 모두를 든든하게 했다.

베풀고 나누는 목회를 하겠습니다
김정기 (김수아 아빠)

 저는 교회 개혁을 위한 선지자처럼 쓴소리를 하는 〈뉴스앤조이〉를 사랑하는 구독자입니다. 어느 날 미자립 교회 목회자 자녀 비전 투어라는 목회멘토링사역원의 광고를 보고서 놀랐습니다. 이런 큰일을 계획하고 비용 부담 전혀 없이 3주간을 미국 투어를 할 수 있다는 것은 꿈같은 이야기였습니다. 작은 소망을 가지고 지원서를 쓰면서 큰딸 수아에게 소개했습니다.

 수아가 좋은 선생님들과 다양한 문화를 접하고 나면 정말로 생각도 커지고, 꿈도 커질 것 같았습니다. 그래서 지원서를 내고 조심스럽게 기도를 드렸습니다. 우리 아이에게 이런 기회를 주시면 좋겠다고.

 면접까지 마치고 최종 합격 통지서를 받고서는 날아갈 듯 기뻤습니다. 청소년 자녀들을 둔 부모라면 대부분 그러듯이 그 당시 우리 집도 약간의 갈등이 있었습니다. 그래서 비전 투어가 이런 부모 자녀간의 갈등도 해결하고, 풀어 줄 것 같은 기대감도 있었습니다.

3주의 미국 여행 기간에도 매일같이 생생한 생방송처럼 카톡과 밴드를 통한 소식을 들을 수 있어서 마치 저도 같이 동행하는 듯 기대가 되고, 좋았습니다. 협력하신 미국 한인 교회들과 목사님의 배려와 큰 사랑이 감동이었습니다. 우리 아이가 이런 넘치는 큰 사랑을 받았으니 나도 이렇게 베푸는 삶을 살아야겠다는 다짐도 했습니다.

꿈같은 3주간의 여행을 마치고 부모 품으로 돌아온 딸과 다시 일상적인 생활이 시작되었습니다. 기대가 크면 실망도 크듯이 비전 투어를 통해서 아이가 더 크게 성장해서 변화된 모습으로 생활할 것 같았는데, 여전히 예전의 모습 그대로였습니다. 고2가 됐으니 마음잡고 꿈을 위해 공부도 열심히 하길 바랐는데, 그러지 못했습니다. 신앙생활도 아빠 목회에 도움이 되는 교회 생활이 되길 바랐는데, 여전히 방황하고, 여전히 교회에 적응을 잘 하지 못하고 불만도 많이 있었습니다. 모두 것이 다 딸이 잘못되었고, 어리기 때문이라고 생각했습니다.

그러던 중 목회멘토링사역원에서 주최한 목회자 멘토링 컨퍼런스가 있었고, 저는 건강한 교회를 꿈꾸면서 2박 3일간 평소 존경하는 목사님의 강의와 대화를 들으면서 행복한 시간을 보내게 되었습니다. 제 목회와 가정과 삶을 뒤돌아보는 시간을 가졌습니다. 그러던 중 나도 모르게 눈물의 회개가 나왔습니다. 내가 잘못되었구나. 내가 내 중심으로 생각했구나 하는 마음이 들었습니다.

딸과의 관계도 마찬가지입니다. 제 기준에 맞추어서 생각했고, 그렇게 따라오기만 바랐습니다. 깨달음 후에 딸과의 대화를 통해서 저는 저의 잘못을 고백하고, 앞으로의 다짐도 딸 앞에서 했습니다. 모든 부분에서 내가 기다려 주고, 기대하고, 아이의 선택을 최대한 존중하기로 약속했습니다.

청소년기 스트레스를 부모가 먼저 이해해 주기로 마음먹었습니다. 결국 아이가 변해야 되는 것이 아니라 부모인 제가 그래야 했습니다. 제가 변하니까 아이도 어느덧 제가 바라던 모습으로 변해 가는 것을 보게 됩니다. 결국 교회를 떠나고 싶던 아이가 다시 마음을 잡고 행복하게 신앙생활을 하고 있습니다. 요즘은 참 행복합니다. 아이가 사랑스럽고 대견합니다.

결국 목회자 자녀 비전 투어는 참여한 아이보다 저를 먼저 변화시켜 주었습니다. 제가 아이를 위해 해 주지 못한 부분을 목회멘토링사역원이 해 주어서 감사할 뿐입니다. 우리 아이가 평생 이 추억이 가슴에 남아서 앞으로 삶에서 큰 용기와 희망이 되었으면 합니다. 또한 넘치는 사랑을 받았으니, 베푸는 삶을 살아가는 아이가 되었으면 합니다. 저도 더욱 베풀면서 나누면서 목회하며 살아가겠습니다.